Römisches Reich um 100 v. Chr.
bis 58 v. Chr.
Borysthenes
Rha
Mare
Caspium
Regnum
Bospori
Dacia
Pontus Euxinus
Sinope
Amisus
Pontus
Artaxata
Araxes
Thracia
Heraclea
Zela
Nicopolis
Byzantium
Macedonia
Bithynia
Armenia
Cappadocia
Galatia
Tigranocerta
Regnum
Parthorum
Troia
Phrygia
Cynoscephalae
Pharsalus
Pergamum
Nisibis
Asia
Lycaonia
Athenae
Mare
Ephesus
Cilicia
Carrhae
Pisidia
Corinthus
Antiochia
Mesopotamia
Tigris
Achaea
Lycia
Aegaeum
Syria
Palmyra
Ctesiphon
Rhodus
Creta
Cyprus
Babylon
Euphrates
Damascus
e r n u m
Hierosolyma
Cyrene
Cyrenaica
Alexandria
Aegyptus
Memphis
Nilus

che Reich

Inhaltsverzeichnis

Nach Lektion 17 kann mit der Lektüre begonnen werden; die Lektionen 18–27 sollten dann in besonderen Grammatikstunden neben der Lektüre behandelt werden.

Lectio Prima

A De Caesaris morte

Ante Idus Martias[1] Caesari tam multa et atrocia omina evenerant, ut uxor eius eum oraret, ne eo die ad senatum se conferret. Ultima nocte somnio horribili ita territus est, ut verba uxoris non repudiaret. Nam se supra nubes volare et Iovi manum dare in somnio viderat.
Sed Caesari, cum iis ominibus commotus magno in timore esset, tamen domi manere non licuit. Cum enim iam consedisset, ut epistulam scriberet, unus e coniuratis, D. Brutus, quem Caesar tantopere diligebat, ut eum nomine filii vocaret, apparuit et eum monuit, ut ad senatum veniret. Et Caesar paruit, cum res gravis esse videretur.
Quo cum venisset, coniurati statim, ut constituerant, eum circumsteterunt. Quorum unus eum in terram proiecit. Et Caesar, cum mucronibus[2] peteretur, toga caput abdidit neque ullam vocem edidit nisi: „Tu quoque, mi Brute[3]?“
Tribus et viginti vulneribus affectus diu mortuus iacuit. Tandem tres servi corpus eius domum rettulerunt.

1 Īdūs Mārtiae: die Iden des März (der 15. März) 2 mucrō, -ōnis m.: Dolch
3 mī Brūte (Vok.): mein (lieber) Brutus

Römische Münze, Silberdenar. Vorderseite: Porträt des M. Iunius Brutus. Rückseite: Zwei Dolche, *pileus* (Filzkappe), darunter das Datum von Caesars Ermordung.

B 1 Cum invidia Caesaris magna esset, coniurati corpus eius in Tiberim trahere constituerant. Cum autem magno in timore Antonii consulis essent, eo consilio destiterunt et in Capitolium fugerunt.

B 2 Cum ictu[1] fulminis ex inscriptione statuae Caesaris Augusti prima nominis littera deleta esset, ab auguribus[2] responsum est centum modo dies eum victurum – cum numerum littera C significari – futurumque, ut inter deos reciperetur, cum „aesar" – id est reliqua pars e Caesaris nomine – Etrusca lingua deus vocaretur.

1 ictus, -ūs m.: Einschlag 2 augur, -guris m.: Augur; Weissager

C 1 *In A und B stehen Gliedsätze, die durch*

a) cum *b)* ne *c)* ut

eingeleitet werden. Welche Arten gedanklicher Fügung werden durch die Konjunktive in ihnen ausgedrückt?

C 2 *Überlege zu B 2,*

a) wie die Frage gelautet haben könnte, die den Auguren gestellt wurde;

b) wer wohl die Frage gestellt hat;

c) in welcher Absicht diese Anekdote erzählt worden ist.

D 1 *Übersetze und erweitere im Deutschen zu einem vollständigen Satz:*

1. cum auxilium ferre non possent 2. ut spem fugae tolleret 3. quid efficere posset 4. cum ea ita sint 5. iis cum persuadere non possent 6. ut paratiores essent 7. id cum a Caesare peteret 8. ut virtute contenderent 9. ut constituerant 10. ne constituerent 11. ut non constituerint.

D 2 ferre *oder nicht* ferre?

Bestimme die Formen von ferre *und übersetze die anderen.*

ferre; ferret; ferretur; ferebat; feret; fero; ferimus; fers; fert; fertis; ferte; fer; ferris; fertur; feriis; feras; ferias; feretur; feratur; forte; fore; feram; ferenti; ferentium; lati; lati erunt; ferunt; ferant; fuerant; ferent; ferrent; tuleris; tolleres; tuleras; tolleris; tollaris.

E Quo modo Augustus crudelitatem amici puniverit

Cum Caesar Augustus apud Vedium Pollionem cenaret, unus e servis forte crystallinum[1] fregit. Tum dominus tanta ira commotus est, ut eum servum comprehendi murenisque[2] ingentibus proici iuberet, quas in piscina[3] continebat. Servus autem tantopere territus est, ut ad Caesaris pedes fugeret et auxilium ab eo peteret. Cum nihil oraret servus nisi, ut alio modo necaretur neve piscibus ferocibus proiceretur, Augustus amicum propter crudelitatem puniri debere existimavit. Servum manu mitti[4] iussit; tum imperavit, ut omnia crystallina[1], quae in domo amici

Fußbodenmosaik aus einem Haus in Pompeji, um 150 v. Chr. Verschiedene Meerestiere.

erant, apportarentur et ante oculos suos statim frangerentur utque piscina[3] terra compleretur.

1 crystallinum: Kristallgefäß 2 mūrēna: Muräne (aalartiger, schmackhafter Seefisch mit scharfen Zähnen) 3 piscīna: Fischbecken 4 manū mittere: freilassen

Stelle aus dem Text zusammen, welche Auswirkungen ira *(Zeile 3) auf den* dominus, *auf den* servus *und auf den* Caesar Augustus *hat.*

S **Augustus.** *Augustus,* der erste römische Kaiser, hieß ursprünglich wie sein Vater *C. Octavius.* Er wurde am 23. September 63 v. Chr. geboren. Seine Mutter war eine Tochter von Caesars Schwester Iulia. Caesar förderte seinen Großneffen, und da er kinderlos war, adoptierte er ihn in seinem Testament und setzte ihn als Haupterben ein.
Die Nachricht von Caesars Ermordung am 15. März 44 v. Chr. erreichte Octavius im heutigen Albanien. Unverzüglich reiste er nach Rom, um auch die politische Nachfolge Caesars anzutreten, noch keine 19 Jahre alt. Von nun an nannte er sich C. Iulius Caesar (bekannt ist er auch unter dem Beinamen *Octavianus,* den er aber selber nie geführt hat). Ohne ein Staatsamt innezuhaben, stellte er aus eigenen Mitteln ein Heer auf, um *Antonius* auszuschalten, der in

Augustus. Bronzene Reiterstatue (Fragment).

Rom als Nachfolger Caesars auftrat. Als Octavian aber die Möglichkeit zu einer Einigung sah, schloss er mit ihm und *Lepidus* das sog. Zweite Triumvirat „zur Ordnung des Staates“. Bei Philippi in Griechenland besiegten die Triumvirn die Caesarmörder (42 v. Chr.). Die Sieger teilten sich die Herrschaft: Octavian erhielt den Westen und damit Rom, Antonius den Osten, Lepidus Africa. Bald brach das Triumvirat auseinander. In der Seeschlacht bei Actium (Westgriechenland) wurden Antonius und die mit ihm verbündete ägyptische Königin *Kleopatra* 31 v. Chr. besiegt; sie flüchteten nach Ägypten. Antonius stürzte sich in sein Schwert; Kleopatra ließ sich eine Giftschlange in ihr Gefängnis schmuggeln und von ihr beißen, um nicht im Triumphzug durch Rom geführt zu werden.

Als Octavian im Alleinbesitz der Macht war, bemühte er sich um Versöhnung mit seinen Gegnern. Seine Person sollte als „Friedensherrscher“ Ruhe und Frieden im ganzen römischen Reich garantieren. Im Jahr 27 v. Chr. verlieh ihm der Senat den Ehrentitel *Augustus* („der Erhabene“). Sein offizieller Titel lautete seitdem *Imperator Caesar Augustus.* In den Jahren 13–9 v. Chr. wurde in Rom die *Ara Pacis Augustae* (Friedensaltar des Augustus) errichtet. Außenpolitisch strebte Augustus durch Grenzsicherung eine Festigung des Imperiums an. Innenpolitisch wollte er die *mores maiorum*, die früher üblichen Wertvorstellungen und Sitten, wieder zum Leben erwecken; sie hatten im Jahrhundert der Bürgerkriege ihre Verbindlichkeit verloren. Ebenso bemühte er sich, die römische Religion wieder zu beleben. Er entwickelte eine reiche Bautätigkeit. Auch die Dichtung entfaltete sich zu hoher Blüte: Vergil, Horaz, Ovid und andere Dichter schufen Meisterwerke der römischen Literatur. Das für Christen wichtigste Ereignis in seiner Regierungszeit ist die Geburt Jesu Christi. Am 19. August 14 n. Chr. starb Augustus in Nola in Kampanien.

Die *Ara Pacis Augustae.* Rekonstruktion.

Lectio Secunda

A Horatius poeta servatur

Horatius poeta aliquando Via Sacra per forum Romanum ibat, cum vir, qui poetae nomine tantum notus erat, accurrit clamavitque: „O, quid agis, mi amice[1]? Unde venis? Quo is?" Horatius: „Ad amicum non tibi notum eo. Is in extrema urbis parte habitat." Sed vir alienus quaerere non desiit: „Cur non imus una? Una eamus! Tecum ibo. Mihi quoque iter eo est." Tum una eunt.

Cum per forum irent, vir alienus verba multa et stulta faciebat. Horatius verba eius hominis ita moleste ferebat, ut taceret. Sed quamquam modo celeriter ire, modo consistere studuit, garrulum[2] effugere non potuit.

Tandem poeta servatus est. Nam obviam iit homo, qui garrulo[2] inimicus erat, et postulavit, ut secum in iudicium iret. „Ecce", clamavit, „video te, qui in ius vocatus[3] tamen non iisti (isti) ad iudicium! I mecum ad praetorem! Postulo, ut statim eas." Deinde abierunt. Sic Horatius servatus est.

1 mī amīce (Vok.): mein (lieber) Freund 2 garrulus: Schwätzer 3 in iūs vocāre: vor Gericht laden

B 1 1. Nos libenter eo imus, quo vos itis. 2. Sic transit gloria mundi. 3. Hora, quae praeteriit, redire non potest. 4. Quintus cum amico certamen iniit de brevitate epistulae: „Nemo epistulam tam brevem scribere potest quam ego." Atque feriis amico nuntiavit: „Eo rus." Amicus respondit: „I!"

C *Tonstellen in einem Satz sind der Anfang und das Ende. Auch durch Wiederholung kann man etwas hervorheben.*
Untersuche daraufhin A, Zeilen 6f.

D 1 ire *oder* is, ea, id *oder* esse?
Übersetze: ire; iret; ibat; iit; it; id; i; ii; ei; imus; iimus; eunt; eant; eam; eum; eos; eas; irem; issem; isse; esse; ibis; ibi; ite; itis; istis; eo; is; iis; isti; ierunt; ierant; ierint; iero; ierim.

D 2 adesse? adire? addere?
Finde die Kennkarten zu: adite; adii; adi; addi; addidi; addis; adis; ades; adires; adderes; adesses; adisses; addidisses.

D 3 *Substantive auf* -ia/-itia *sind von Adjektiven oder Substantiven abgeleitet. Sie sind Begriffe (Abstrakta) und nennen eine Eigenschaft:*
iustus: *gerecht* – iustitia: *Gerechtigkeit.*
Erkläre ebenso: amicitia; gratia; prudentia; pueritia; sapientia.

E De Aristide

Athenienses, cum Persas vicissent, totam per Graeciam magno in honore erant. Ducibus autem rei publicae cives gratiam saepe non habebant, sed multos viros potentes tantopere timebant, ut eos in exilium ire cogerent – ut Aristidem, cui propter summam iustitiam cognomen erat Iusti.

Cum controversiae erant inter populi duces atque concordiae civium periculum imminebat, totus populus in forum vocabatur. Suffragium sic ferebatur[1]: Unusquisque[2] nomen viri, quem in exilium mittere cupiebat, in testa[3] inscribebat. Tum cunctae testae[3] colligebantur, nomen viri damnati pronuntiabatur; vir damnatus in exilium abire debebat.

Die constituto multi viri tota ex Attica in forum eunt. Audiuntur voces variae: „Unde venitis? Quo itis? Qua in re occupati estis?“ – „E vico venimus, in forum imus, ut suffragium feramus[1].“ – „Certe iam mane e vico existis?“ – „Ita est. Mane exiimus.“ – „Ite nobiscum!“

Forte etiam Aristides praeterit. Unus ex agricolis, qui scribere non potest, Aristidem animadvertit et adit: „Isne tu quoque in forum, amice?“ – „Eo“, respondet populi dux, qui ab agricola non cognoscitur. Agricola: „Inscribe in testa[3] mea nomen Aristidis!“ – Interrogatus ab Aristide: „Num Aristidem in exilium ire cupis? Quid tibi fecit mali?“ agricola „Minime“, inquit, „existimo Aristidem hominem malum esse, cum ne notus quidem mihi sit. Sed semper Aristidem ‚iustum‘ esse audio. Moleste fero nomen Iusti.“

Aristides, cum nomen suum inscripsisset, testam[3] agricolae reddidit. Tam plenus doloris erat, ut domum rediret.

1 suffrāgium ferre: wählen; abstimmen 2 ūnusquisque: ein jeder 3 testa: Scherbe

Beschreibe das Verhalten des Aristides und überlege, ob es seinem „nomen Iusti“ *entspricht. Wie hättest du dich an seiner Stelle verhalten?*

Óstraka (Tonscherben).

S **Demokratie, Ostrakismos.** Das antike Griechenland, *Hellas* (wie die Griechen ihr Land noch heute nennen), war kein einheitlicher, von einer Hauptstadt aus regierter Staat. Die *Hellenen* lebten in einer Vielzahl von einzelnen Gemeinden und Städten. Die meisten davon waren autonom, das heißt, sie regierten sich selbst. Das griechische Wort *pólis* bezeichnet eine solche selbstständige Stadt. „Politik" ist demnach ursprünglich die Fähigkeit, das Leben in einer *pólis* mitzugestalten.

Athen war ein solcher Stadtstaat. Nachdem die Athener lange von Königen und Alleinherrschern, die sich „Tyrannen" nannten, regiert worden waren, entschlossen sie sich, die Regierung der Stadt in ihre eigenen Hände zu nehmen. Alle Bürger versammelten sich, sooft es nötig war, auf dem Markt, debattierten über Politik, wählten Beamte für jeweils ein Jahr und stimmten über Gesetze ab. Die Athener nannten diese Staatsform *demokratia*, Herrschaft des Volkes. Die Bürger einer Demokratie wachten darüber, dass ihre Freiheit und Selbstbestimmung erhalten blieben. Niemand war ihnen verhasster als ein Politiker, der in den Verdacht geriet, die Demokratie abschaffen zu wollen oder gar nach Alleinherrschaft zu streben.

So erklärt sich auch das Verfahren, das fälschlicherweise „Scherben*gericht*" genannt wird. Es war nämlich keine Verurteilung wegen einer begangenen Untat, sondern eine vorbeugende Maßnahme, die einen allzu mächtigen Politiker zwang, eine Zeit lang die Stadt zu verlassen und im Exil zu leben. Nach unseren Rechtsbegriffen ist es Unrecht, jemanden wegen einer Tat zu verurteilen, die er möglicherweise später einmal begehen könnte. Den Athenern aber waren der Friede in der Stadt und die Freiheit der Bürger wichtiger. Sie versammelten sich auf dem Marktplatz; jeder brachte eine Tonscherbe (griech. *óstrakon*) mit, wie sie von zerbrochenen Krügen überall umherlagen, kratzte den Namen seines Kandidaten ein und gab die Scherbe dem leitenden Beamten. Wenn über 6000 Bürger – etwa die Zweidrittelmehrheit – beim *ostrakismós* für die Verurteilung zum Exil gestimmt hatten, musste der Betroffene die Stadt für zehn Jahre verlassen. Er behielt jedoch seine Bürgerrechte und sein Vermögen. Da das „Ausland" schon in der nächsten Nachbarstadt begann, konnte er meist in Griechenland bleiben. Er konnte freilich lange Zeit nicht in die Politik seiner Heimatstadt eingreifen.

Lectio Tertia

A Fur cupidissimus comprehenditur

Fures noctu clam in domos villasque invadere et res pretiosas rapere solent. Bona divitum diripere et praedam magnam facere iis iucundissimum est.

Aliquando fur rapiendi peritus, ut praedam faceret, in domum divitis noctu invasit et eam plenam divitiarum invenit. Cum totam praedam auferre non posset, eligendo res pretiosissimas pondus[1] praedae minuere studuit. Sed cupiditate colligendi et studio eligendi tantum temporis consumpsit, ut dies adesset, priusquam evaserat. Tum servi, quos gallus saepe canendo e somno excitaverat, furem in eligendo invenerunt comprehenderuntque. Et postquam unus e servis ad puniendum furem virgas apportavit, valde eum verberaverunt et in vincula coniecerunt. Postremo capitis damnatus et necatus est.

1 pondus, -deris n.: Gewicht

B Augustinus de pueritia sua narrat

In scholam datus sum, ut discerem litteras. Sed quid in iis utilitatis esset, ignorabam. Et tamen, si piger in discendo eram, verberabar. Parentes nostri videbant, quibus doloribus pueri a magistris afficeremur. Nos autem eos metuebamus et peccabamus tamen minus[1] scribendo aut legendo, quam a nobis postulabatur. Non deerat memoria vel ingenium, sed delectabat ludere. Itaque peccabam faciendo contra verba parentum et magistrorum.

1 minus: weniger

C1 *Zeichne das Satzbild der ersten beiden Sätze und des drittletzten Satzes von A sowie des letzten Satzes von B unter Verwendung der Satzgliedsymbole.*

C2 *Ermittle in A die Kasusfunktionen der* nd*-Formen.*

C3 *Wenn mehrere aufeinander folgende Wörter mit dem gleichen Laut beginnen, nennt man das „Alliteration“.*
Stelle aus A solche Wortfolgen zusammen. Welche Wirkung haben solche Folgen?

C4 *In B, Zeile 2, sind die zusammengehörigen Wörter* quid … utilitatis *durch den Einschub von* in iis *getrennt. Man nennt das „Sperrung“ oder „Hyperbaton“. Überlege, wie diese Sperrung wirkt.*
Ermittle Sperrungen (Hyperbata) in Lectio I B 2 und erläutere sie.

D *Bestimme den Kasus der* nd-*Form und übersetze entsprechend der Begleitgrammatik:* 1. videndo 2. audiendi cupidus 3. in quaerendo 4. narrandi causa 5. paratus ad oppugnandum 6. spes transeundi 7. navigandi peritus 8. spatium hastas coniciendi 9. studium pugnandi 10. homines rapiendi cupidi 11. accurrendo 12. diu orando 13. saepe laborando 14. frustra quaerendo 15. multa legendo.

E De Papirio Praetextato

Aliquando Papirius senator cum filio praetextato[1] in curiam ierat, ut puer videndo et audiendo disceret, quo modo res publica administraretur. Hora vespertina ea res, de qua agebatur, in diem posterum dilata est placuitque, ne proderetur, priusquam decreta esset.
Cum puer domum venisset, mater audiendi cupida eum interrogavit, quid patres in senatu egissent; puer autem respondit id dicere sibi non licere. Mater audiendi cupidior summo studio interrogabat. Tum puer, ne rem proderet, actum esse in senatu dixit, utrum unum virum duas uxores an unam feminam duos maritos habere utilius esse videretur. Quod cum mater audivisset, statim ad alias feminas cucurrit, ut eam rem narraret. Postridie multae mulieres intercedendi[2] causa ad curiam venerunt clamando postulantes, ut potius una duos viros haberet quam unus duas uxores. Cum senatores nescirent, cur mulieres id postularent, Papirius puer rem, sicut fuerat, narravit. Senatores ridentes fidem atque ingenium pueri laudaverunt; sed consultum fecerunt, ne postea pueri cum patribus discendi causa in senatum venirent. Papirio autem puero id permiserunt et cognomen Praetextati[1] dederunt propter tacendi fingendique prudentiam in aetate praetextati[1].

1 praetextātus: die purpurumsäumte Toga tragend (d.h.: noch nicht volljährig)
2 intercēdere: protestieren

Beschreibe die Rolle, die die Frauen in diesem Text haben. Vergleiche sie mit der Rolle, die Frauen in unserer Gesellschaft haben.

S **Schule.** Die Römer hatten neben dem griechischen Wort *schola* (eigentl.: Muße) auch einen lateinischen Ausdruck für Schule: *ludus.* Jungen und Mädchen ab sieben Jahren besuchten gemeinsam den *ludus litterarius.* Sie wurden vom *magister ludi,* dem Lehrer für Lesen und Schreiben, unterrichtet und lernten auch Rechnen. Der *ludus litterarius* entspricht also unserer Grundschule. „Grundschulen" auf dem Forum Romanum werden schon für das 4. Jahrh. v. Chr. erwähnt. Es gab in Rom jedoch kein staatliches Schulwesen und auch keine Schulpflicht. Lehrer waren Privatpersonen, die die Kinder gegen Schulgeld unterrichteten. Der Unterricht fand meist in einem einfachen Raum statt,

Unterricht beim *grammaticus.* Grabrelief aus Neumagen/Mosel.

den sich der Lehrer gemietet hatte; oft war es nur eine Art überdachte Veranda. Reiche Eltern ließen ihre Kinder zu Hause von einem Privatlehrer, meist einem gebildeten Sklaven, erziehen.

Schulbücher in unserem Sinne hatten die Kinder nicht und an Stelle von Heften verwendeten sie meist mit einer Wachsschicht überzogene Holztäfelchen. Manchmal schrieben sie auch auf zusammengeheftete Papyrusblätter (s. S-Text zu Lektion 9). Man hat solche „Schulhefte“ in Ägypten gefunden, die sich im trockenen Wüstensand 2000 Jahre gut erhalten haben. Darin wird (griechisch) dekliniert und konjugiert; man findet kleine Aufsätze über Sagenhelden, aber auch Strafarbeiten wie: „Zwanzig Mal ‚Sei fleißig, damit du keine Schläge bekommst‘.“ Auch ein (wenig schmeichelhaftes) Porträt des Lehrers fehlt nicht. Die Schüler schrieben nach einer Vorlage oder nach Diktat und lernten viel auswendig.

Die etwa Zwölfjährigen wurden von Eltern, die ihre Kinder noch weiter ausbilden lassen wollten und das bezahlen konnten, in die Schule des *grammaticus* geschickt. Hier lernten sie als Fremdsprache Griechisch und lasen Texte griechischer und lateinischer Schriftsteller und Dichter. Nach ihrem Vorbild lernten die Kinder, selber gutes Latein zu schreiben und zu sprechen.

Jungen aus vornehmen Familien, die auf eine Laufbahn im Staatsdienst oder im Gerichtswesen vorbereitet werden sollten, besuchten dann mit etwa 16 Jahren den Unterricht, den der *rhetor* gab. Bei ihm lernten sie, in freier Rede zu sprechen und mit „Pro und Contra“ zu argumentieren, um später in der Volksversammlung, im Senat oder vor Gericht andere überzeugen und beeinflussen zu können. Wohlhabende Eltern ermöglichten ihren Söhnen zusätzlich ein Auslandsstudium. Athen und Rhodos in Griechenland waren bekannte Universitätsstädte, in denen man bei berühmten Professoren griechische Philosophie und Redekunst studierte.

Mädchen erhielten selten eine Schulbildung, die über Lesen, Schreiben, Rechnen und Musikunterricht hinausging.

Lectio Quarta

A De Tiberio Sempronio Graccho

Secundo a. Chr. n. saeculo in Italia gentes nobilissimorum atque divitissimorum Romanorum praedia[1] maxima possidebant; ceteri agricolae stipendia merendo fatigati et inopia pecuniae coacti agros suos reliquerant. Romam migraverant, ut libertatem recuperarent vitamque servarent. In urbe etiam labores servorum susceperunt ad vitam servandam.

Sed mox spem vitae servandae omiserunt, quod nullus magistratus in vita servanda eis aderat. Tum Ti. Sempronius Gracchus, iuvenis doctissimus atque honestissimus, qui stipendiis merendis vitam adhuc egerat quaestorque fuerat, consilium agricolarum adiuvandorum iniit. Cognoverat enim eos, cum laboribus ferendis fatigati essent, vitae servandae causa Romam venisse; cognoverat quoque eos multitudine plebis augenda periculum seditionis alere. Itaque praediis[1] divitum minuendis agrisque plebi tribuendis persuadebat agricolis miseris, ut in vicos suos redirent.

Sed spes Ti. Gracchum agricolasque miseros fefellit; nam lapidibus iaciendis et sellis[2] fractis senatores Ti. Gracchum, quem populus tribunum plebis creaverat, interfecerunt corpusque eius in Tiberim flumen deiecerunt.

1 praedium: Landgut 2 sella: Sessel; Stuhl

B De gladiatoribus

Gladiatores, ubi arenam intraverunt, primum Caesarem imperatorem salutabant clamantes: „Ave[1], Caesar, morituri[2] te salutant!“ Deinde, postquam tuba signum pugnae committendae datum est, ad pugnandum consistebant vulnerandi et caedendi cupidissimi. In pugnando alter alteri[3] non parcebat. Is, qui victus vulneratusque in arena iacebat, manibus extendendis clementiam imperatoris implorabat. Si bene pugnando laudem meruerat, imperator clemens erat. Sin ignavia odium populi in se verterat, imperator pollice[4] vertendo eum necari iubebat .

1 avē: sei gegrüßt 2 moritūrus: todgeweiht 3 alterī: Dat. Sg. zu alter 4 pollex, -licis m.: Daumen

C –

D 1 *Übersetze:* 1. ad bellum conficiendum 2. ad urbem oppugnandam 3. multos Romanos vulnerando 4. exercitu Romano vincendo 5. ad eas res conficiendas 6. sui liberandi causa 7. in petenda pace 8. de flumine transeundo 9. in quaerendis suis 10. sui colligendi tempus 11. ad bellum gerendum 12. ad consilia capienda 13. pugnae committendae signum 14. cupiditas belli gerendi.

D 2 *Auch Substantive auf* -tas *sind Begriffe (Abstrakta) und nennen eine Eigenschaft (vgl. Lectio II D 3):* verus: *wahr* – veritas: *Wahrheit.*
Erkläre ebenso: brevitas; celeritas; crudelitas; cupiditas; utilitas; libertas.

E De Spartaco

Anno a. Chr. n. septuagesimo tertio ad Capuam gladiatores sui liberandi causa seditionem fecerunt; Spartacum Thracem, virum magni ingenii magnique roboris, ducem creaverunt. Is Romanis iterum iterumque vincendis brevi tempore tantum sibi fecit nomen, ut multa milia servorum tota ex Italia spe libertatis recuperandae ad gladiatores convenirent exercitumque Spartaci augerent.
Spartacus bellum contra Romanos coeperat eo consilio, ut gladiatores in patrias eorum reduceret. Sed cum iam ad Alpes venissent, persuadere suis non potuit, ut partim in Gallias, partim in Graeciam iter facerent. Itaque exercitum in Italiam reduxit.
Eo tempore senatus, qui magno in timore erat, ne Spartacus ad urbem oppugnandam veniret, M. Crassum ad bellum conficiendum misit. Is prope hostes castra posuit atque munivit. Cum gladiatores quidam in milites, qui in castris muniendis occupati erant, impetum facerent, Crassus celeriter aciem instruxit. Tum Spartacus quoque aciem instruxit, equum suum gladio interfecit dixitque: „Si vincemus, multos et bonos habebo equos; sin vincemur, equus mihi non proderit.“ Tum multos Romanos vulnerando necandoque Crassum petivit, ut eo interficiendo victoriam pareret. Sed milites Romani summis viribus Crassum defenderunt; Spartacus duos centuriones[1], qui eum repellebant, interfecit; tandem, cum sui iam fugissent, a multis militibus circumventus et pugnans necatus est.

1 centuriō, -ōnis m.: Centurio; Hauptmann

Untersuche diesen Text Satz für Satz daraufhin, durch welches Wort bzw. durch welche Wortgruppe jeweils eine inhaltliche Verbindung mit dem voraufgegangenen Satz/Text hergestellt wird. (Beispiel: Is *in Zeile 4 steht stellvertretend für den Namen* Spartacus *aus Zeile 3.)*

Bronzener Gladiatorenhelm mit Szenen von der Plünderung Trojas.

S **Ludi (I): Gladiatoren, Tierhetzen.** Ein blutiges Kapitel des römischen Lebens waren die Gladiatorenspiele. Die *Gladiatoren*, mit einem Schwert (*gladius*) bewaffnete Männer, kämpften ursprünglich zur Versöhnung der Geister von Verstorbenen, später nur zur Unterhaltung der Zuschauer in einer Arena auf Leben und Tod gegeneinander. Ein Schiedsrichter stand neben den Kämpfern und trieb sie mit Peitschenhieben an. Wenn einer der beiden Männer so schwer verletzt wurde, dass er nicht mehr weiterkämpfen konnte, streckte er die Hände aus und gab den Kampf auf. Jetzt entschied das Publikum, ob er am Leben bleiben durfte oder ob ihm der Sieger den Todesstoß versetzen sollte. Wenn der Besiegte ein Publikumsliebling war oder sich besonders tapfer gewehrt hatte, dann deutete die Menschenmenge durch ein Zeichen mit dem Daumen an, dass der Sieger ihm das Leben schenken sollte. Später lag die Entscheidung über Leben und Tod allein beim Kaiser.

Besonders interessant fand das Publikum den Kampf unterschiedlich bewaffneter Gladiatoren. So ließ man z.B. einen Gladiator in voller Soldatenrüstung

Kampf zwischen zwei unterschiedlich bewaffneten Gladiatoren, im Hintergrund ein Schiedsrichter. Bildfeld vom Fußbodenmosaik aus der Villa von Nennig (bei Trier), 3. Jahrh. n. Chr.

gegen einen anderen kämpfen, der nur mit einem Fangnetz und einem dreizackigen Spieß bewaffnet war (*retiarius*). Ebenfalls beliebt waren Kämpfe von Gladiatoren gegen Löwen, Tiger und Bären. Es kam auch vor, dass man Tiere in der Arena gegeneinander hetzte. Große Gladiatorenfirmen schickten eigene Jagdtrupps nach Afrika und Asien, um den Nachschub an seltenen Tieren zu sichern.
Gladiatoren waren meist Sklaven, die vom Eigentümer einer Gladiatorentruppe gekauft und in Kasernen für ihr Auftreten in der Arena trainiert wurden. Zum Tode verurteilte Verbrecher wurden ebenfalls oft in die Arena geschickt. Zum Teil bestanden die Gladiatorentruppen auch aus freien Römern, Abenteurern, die ihr Leben riskierten, um reich oder berühmt zu werden. Christen galten in Rom lange Zeit als Staatsfeinde, weil sie den Kaiser nicht als Gott verehren wollten. Viele von ihnen, darunter Frauen und Kinder, starben bei Tierhetzen in der Arena als Märtyrer (*martyrium* – Blutzeugnis für den Glauben).

Lectio Quinta

A Non modo gladiatores, sed etiam spectatores inter se pugnant

Multa milia hominum in circis et amphitheatris[1] imperii Romani vitam amisisse traditur. Non modo gladiatores inter se, sed etiam homines contra bestias pugnavisse scimus. Gaudium spectantium maximum fuisse constat. Spectatores saepe magno studio gladiatoribus favisse notum est.

Quo modo Pompeiani Nucerinique propter gladiatores caedem atrocem fecerint, Tacitus narrat. Cum retiarius[2] secutorque[3] arenam intravissent, Pompeiani retiario[2], qui multas iam victorias pepererat, Nucerini autem secutori[3], qui retiarium[2] magnitudine viribusque longe superabat, favebant. Nemini erat dubium, quin uterque gladiator summa vi pugnaret.

Nucerini secutori[3] imperaverunt, ut retiarium[2] gladio peteret; et interfecisset retiarium[2] scuto tridentem[4] eius a corpore arcens, nisi is reticulum[5] supra caput secutoris[3] iecisset eumque in arenam proiecisset. Pompeiani de sedibus surgunt et plaudunt; postulant, ut retiarius[2] adversarium necaret. Nucerini autem irati Pompeianis maledicunt[6] lapidibusque iaciendis retiarium[2] impediunt, ne secutorem[3] interficeret. Tum Pompeiani impetum in Nucerinos faciunt, ut eos e theatro

Wandmalerei aus Pompeji. Dargestellt ist die Prügelei zwischen Pompejanern und Einwohnern von Nuceria im Amphitheater vom Pompeji.

expellerent. Nemo quaerit, uter gladiator vicisset alterum; nemo iam spectat, quid in arena gereretur.
Ante theatrum pugna renovata est. Primo saxis, deinde pugnis[7], postremo ferro res gerebatur. Tandem Pompeiani superiores e pugna exierunt. Multi homines, et Pompeiani et Nucerini, vulnerati aut mortui ante theatrum iacebant. Multi e Nucerinis vulnerati Romam deportati sunt, ut causam dicerent. Pompeianis, ne in decem annos spectacula ederent, imperatum est; qui seditionem incitaverant, exilio puniti sunt.

1 amphitheātrum: Amphitheater 2 rētiārius: Netzkämpfer 3 secūtor, -ōris m.: Verfolger 4 tridēns, -dentis m.: Dreizack 5 rēticulum: Netz 6 maledīcere (m. Dat.): beschimpfen 7 pūgnus: Faust

B –

C1 *Ermittle, welches Satzglied in A*
a) die aci-Blöcke;
b) die durch ut *und* ne *eingeleiteten Gliedsätze;*
c) die Relativsätze und die abhängigen Fragesätze
darstellen.

C2 *Stelle zusammen, welche in A vorkommenden Gliedsatzarten*
a) als Subjekt;
b) als Objekt;
c) als adverbiale Bestimmung
auftreten.

C3 *a)* primo saxis, deinde pugnis, postremo ferro res gerebatur *(A, Zeilen 22f.): Eine solche Reihung nennt man „Klimax“ (Steigerung; wörtl: Leiter). Erkläre, worin hier die Steigerung liegt.*
b) Skizziere, wie sich das in A berichtete Geschehen entwickelt und überlege, an welcher Stelle der Entwicklung diese Klimax steht.

D –

E De Androclo (I)

Lucius amico salutem dicit. Rem incredibilem tibi hodie narrabo, quam heri, cum in Circo Maximo essem, meis oculis vidi.
Iam saevissimae bestiae, quae omnibus e regionibus imperii iussu Caesaris Romam apportatae erant, in arenam actae erant, cum subito leo ingens magna voce clamans intravit mediaque in arena consedit. Inter omnes spectatores constabat eum leonem ceteras bestias robore corpo-

ris longe superare. Cum admiratione commoti quaererent, quis tantae bestiae resistere posset, in arenam ducti sunt homines miseri, qui ad bestias damnati erant, et timidi in ultimas circi partes sui servandi causa fugerunt. Subito accidit, ut leo damnatorum cuidam appropinquaret. Nemini erat dubium, quin infelicem statim interficeret. Leo autem corpori eius se admovens manus hominis lambit[1].

Paene se iam mortuum esse homo infelix credebat. Nonnulli spectatores leonem incitabant, ut hominem invaderet; alii autem eos tacere iusserunt; denique omnes taciti atque attenti spectabant, quid in arena gereretur. Tandem homo miser quasi e somno excitatus oculos ad leonem vertit. Paulatim timor gaudio cessit, et postremo laetus, tamquam leonem cognovisset, bestiae bracchia[2] circumdedit. Tum Caesar eum ad se vocari iussit quaesivitque ex eo, cur ferocissimus leo ei pepercisset.

Quid is homo Caesari narraverit, altera epistula tibi narrabo. Vale!

1 lambō, lambī, lambitum, lambere: lecken 2 bracchium: Arm

S **Ludi (II): Amphitheater, Seeschlachten.** Während Wagenrennen in der lang gestreckten Rennbahn eines *circus* stattfanden, kämpften Gladiatoren im *amphitheatrum*. Das Amphitheater hatte die Form eines Ovals; die Zuschauer saßen in rings um die Arena aufsteigenden Sitzreihen, ähnlich wie in einem Fußballstadion von heute. Nahezu jede größere Stadt im *Imperium Romanum* hatte ein eigenes Amphitheater. Eines der am besten erhaltenen ist das von Verona in Italien; es wird noch heute zu Veranstaltungen benutzt.

Das größte Amphitheater im Römischen Reich war das *amphitheatrum Flavium* in Rom, auch *Colosseum* genannt. Der Kaiser *T. Flavius Vespasianus* ließ es im 1. Jahrh. n. Chr. nach seinem Sieg über die Juden von Kriegsgefangenen neben dem *forum Romanum* bauen. Das Colosseum fasste mehr als 50000 Zuschauer. Obwohl heute über die Hälfte des Bauwerkes abgetragen ist – es wurde Jahrhunderte lang als Steinbruch benutzt –, beeindruckt es immer noch durch seine Größe. Unter der Arena und unter den Zuschauerrängen befanden sich Räume, in denen auch die wilden Tiere eingesperrt waren. Mit einer Hebemechanik, einer Art Fahrstuhl, konnten sie schnell in die Arena befördert werden. Bei Tierkämpfen wurde die Arena in eine Landschaft mit kleinen Hügeln, Höhlen und Gebüsch verwandelt. Daraus sprangen Löwen oder Tiger plötzlich auf die Gladiatoren los.

Um die Sucht der Römer nach immer neuen Sensationen zu befriedigen, mussten sich die Veranstalter der Spiele immer wieder etwas Neues einfallen lassen und immer mehr Geld dafür aufwenden. Man konnte z.B. die Arena in ein Wasserbecken umbauen, worin kleine flache Schiffe schwammen, die mit Gladiatoren besetzt waren. Die Zuschauer bekamen dann eine blutige Seeschlacht, *naumachia* genannt, vorgeführt.

Im 5. Jahrh. n. Chr. wurden die Gladiatorenspiele von den christlichen Kaisern verboten.

Das Amphitheater in Nîmes/Südfrankreich, vermutlich Anfang des 2. Jahrhunderts n. Chr. für 30000 Zuschauer errichtet. In ihm findet noch heute eine Vielzahl von Veranstaltungen, auch Stierkämpfe, statt.

Lectio Sexta

A Gaius et Albus vicini de Caesare et Catone iurgant

Gaius et Albus vicini saepe de Catone et Caesare inter se iurgant. Hic ab Albo colitur propter Galliam victam, ille propter iustitiam constantiamque a Gaio.

Albus: „Hic Caesar, cuius gloria toto in mundo canitur, vir magnus est. Iste Cato, quod adversarius huius viri est, quasi ignotus mortem obibit."

Gaius: „Istum Caesarem omnes contemnunt, qui pacem amant; isti homini improbo sui socii honores tribuant – nos boni atque probi cives hunc Catonem colimus, quod huic viro libertas rei publicae debetur."

His verbis incitatus filius Albi, qui cum Marco amico huic colloquio interest, subito „Quis est", inquit, „ille Cato? Narra mihi, pater, de illo viro! Non audivi adhuc illud nomen."

Albus statim: „Hoc valde doleo. Nam istius hominis oratione senatores tantopere commoti sunt, ut illo anno horribili Catilinam – nostrum Catilinam! – capitis damnarent. Hic autem rem plebis gerebat, huius studio etiam nos agricolae defendebamur a superbia senatus, huic nos omnes fidem habebamus.“

Gaius: „Tace tandem, o Albe; nam isto studio iram meam moves. Istum Catilinam, istos Catilinarios senatus morte puniri iussit – iure, ut omnes boni iudicant. Nam socii istius scelesti hominis salutem civium Romanorum contemnebant, haec iura, has leges, hanc rem publicam evertebant, sibi potentiam vi armisque quaerebant. Tace igitur de istis viris improbis, ne hic puer exemplis malis malam in viam deducatur! Hunc Marcum exemplis illius Pompei et huius Catonis incitari oportet, ut vir vere Romanus sit.“

C. Iulius Caesar.

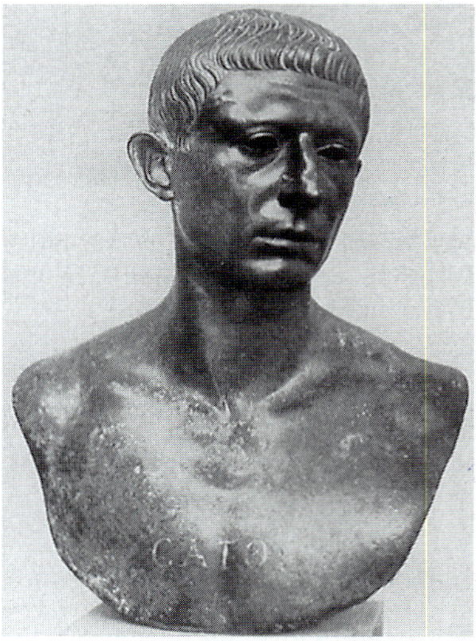

M. Porcius Cato Uticensis.

B –

C1 *Stelle die in A vorkommenden Formen der Pronomina* hic, iste *und* ille *zu Deklinationstabellen zusammen. Versuche die fehlenden Formen zu ergänzen.*

C2 *Überlege,*

a) *auf wen bzw. worauf durch die Pronomina* hic, iste *und* ille *in A verwiesen wird;*

b) *welcher Person* (ego, tu, ...) *der Konjugationstabelle jedes der drei Pronomina zugeordnet werden kann.*

C3 a) *Untersuche die Wortstellung in A, Zeilen 3f.*

b) *Stelle aus A, Zeilen 5–10 und 19–23, Antithesen und Asyndeta zusammen. Erläutere ihre Wirkung auf den Leser.*

D1 *Verbinde jeweils ein Pronomen mit einem Substantiv (beachte die KNG-Kongruenz) und übersetze:*

hoc; haec (2x); hae; huic; hic; hunc; hanc; huius; cuius; eius; his; illud; illorum; illius; illi (2x); istud

mit

libertati; liberorum; consilia; constantiam; deo; doni; epistulae; filius; opus; hominibus; librum; mores; orationis; spectaculum; viri; viro; virtus; vulnus.

D2 is, iste *oder* ire?

Bestimme: iis; is; īs; eo; ei; ii; eā; ea; id; it; eum; eunt; eam; īstī; istī; istīs; īstis; itis; istius; istud; iste; iistis.

D3 *Unterscheide:*

1. ei dei; eius dei; eo deo; ei deo.
2. huius diei; huic diei; hoc die; hi dies; hos dies; hic dies.

E De Androclo (II)

Lucius Marco amico s. d. Prima epistula tibi narravi, quo modo ille homo miser in circo a leone servatus esset. Quid Caesari de illo leone narraverit, nunc tibi scribam. Tota urbs huius fabulae plena est; avunculus meus eam in balneis audivit.

Ille homo miser „Nomen“, inquit, „mihi est Androclus. Servus sum istius senatoris, qui post te sedet. Cum iste provinciam Africam administraret, ego iniquis eius verberibus cottidie vexatus in solitudinem fugi eo consilio, ut, si defuisset cibus, mortem quaererem. Meridie, cum calore fatigatus essem, speluncam[1] inveni et in eam me abdidi. Neque multo post ad illam speluncam[1] venit hic leo claudicans[2] et signa doloris edens. Primo huius leonis conspectu territus in ultimam speluncae[1] partem fugi. Hic autem paulatim accedens pedem quasi auxilii petendi causa ostendit. Et inveni in eo pede stirpem[3] ingentem extraxique; deinde vulnus iam sine timore purgavi. Tum leo meo auxilio sanatus pedem in manibus meis posuit dormivitque; atque ex eo die tres annos ego et hic leo in illa spelunca[1] viximus. Partem praedae suae cottidie mihi afferebat, quam, cum ignem non haberem, sole tostam[4] edebam.

Aliquando autem vita illa non iam mihi placuit, et cum leo abesset, speluncam[1] reliqui. Utinam illo loco mansissem! Tertio enim die a militibus comprehensus ex Africa Romam ad istum meum dominum deportatus sum; qui statim curavit, ut ad bestias damnarer. Hunc quoque leonem illo tempore captum esse et nunc mihi gratiam rettulisse existimo."

Quod cum Caesar audivisset, eum manu mitti[5], leonem ei donari iussit. Spero te mox scripturum, placueritne haec tibi fabula. Cura, ut valeas!

1 spēlunca: Höhle 2 claudicāre: hinken 3 stirps, stirpis f.: Holzsplitter 4 sōle tōstus: von der Sonne gedörrt 5 manū mittere: freilassen

Lies die beiden Teile der Androclus-Geschichte (Lectio V E und VI E) noch einmal und stelle dabei zusammen, was sie zu einer res incredibilis *macht. Überlege, wo der Spannungshöhepunkt liegt.*

Löwe mit Sklave (Androklos?). Bildfeld vom Fußbodenmosaik aus der Villa von Nennig (bei Trier), 3. Jahrh. n. Chr.

Lectio Septima

A

1. Multis navibus mercatores portum reliquerunt.
2. Multis navibus amissis mercatores magnis cum periculis in portum redierunt.
3. Multis navibus amissis mercatores tamen de rebus suis non desperaverunt.
4. Sed uxoribus liberisque dolentibus portum rursus reliquerunt.

Dido gründet Karthago. Gemälde von Victor Honoré Janssens (1658–1736).

B De origine urbis Carthaginiensium

Dido, filia regis Tyriorum, patre regnante uxor Sychaei fuerat, viri divitissimi. Patre morte abrepto ipsa[1] quoque in periculum incidit. Nam frater amore auri incensus et ab amicis perfidis incitatus Sychaeum occidit. Quo scelere cognito Dido quibusdam cum comitibus effugit. Novam quaerentes patriam diu per mare navigabant. Denique via a deo monstrata ad litus Africae appulsi sunt. Ibi ab incolis locum petiverunt, ut e laboribus fugae se reficerent. Tantum est eis datum, quantum pelle bovis significari potuit. Comitibus iam desperantibus Dido rem tenuit: Pellem in tenuissimas partes secari iussit; quibus magnum spatium circumdedit. Hoc modo ea femina rebus adversis imminentibus virtutem praestabat animumque acutum. Quibus in locis ita occupatis fugitivi iussu Didonis urbem novam aedificaverunt Carthaginemque appellaverunt, id est „urbem novam“.

1 ipsa: selbst

C 1 *Welche gedankliche Fügung besteht in A und B jeweils zwischen dem Partizip-Block und dem übergeordneten Verb?*

C 2 *Vergleiche die Formulierungen* cum multae naves amissae essent *und* multis navibus amissis *inhaltlich und formal. Nenne Unterschiede und Parallelen.*

C 3 *Nenne und erläutere die Alliteration in E, Zeilen 6f.*

C 4 *Stelle aus E die Wortwiederholungen und Antithesen zusammen und überlege, welche Wirkung sie haben.*

D 1 *Übersetze die AmP-Blöcke so, dass sie zu den deutschen Fortsetzungen passen:*

1. Nave ventis adversis paene deleta – *liefen die Kaufleute einen Hafen an.*
2. Nave refecta frumentoque in navem imposito – *setzten sie ihre Reise fort.*
3. Alienis navibus celeriter appropinquantibus – *fürchteten sie, dass es Seeräuber seien.*
4. Omnibus nautis valde timentibus – *behielt der Kapitän einen klaren Kopf.*
5. Nave a piratis circumventa – *verzweifelte er dennoch nicht.*
6. Subito clamore sublato – *enterten die Piraten das Schiff.*
7. Signo dato – *begannen die Matrosen den Kampf.*
8. Tempore consilii capiendi non dato – *handelten alle richtig.*
9. Multis nautis aut vulneratis aut interfectis – *kapitulierte der Kapitän.*

D 2 *Übersetze und erweitere im Deutschen zu einem vollständigen Satz:*
1. litteris a patre missis 2. portis oppidi paene clausis 3. custodibus oppressis 4. victoria incolis nuntiata 5. arbore a servis caesa 6. acie

instructa 7. consilio pugnandi capto 8. clamore ab incolis audito 9. oppido capto 10. in oppido capto 11. itinere uno die confecto 12. spe aucta.

E Quo modo Romani Carthaginiensibus bellum indixerint

Sagunto ab Hannibale expugnato Romani legatos Carthaginem miserunt belli indicendi causa. Qui cum eo venissent, in senatu Carthaginiensi senatoribus orationem gravem exspectantibus id unum interrogavit Q. Fabius, princeps legationis, publicone consilio Hannibal Saguntum oppugnavisset. Tum unus e Carthaginiensibus: „Confessio culpae a nobis postulatur. Non autem hoc quaeri oportet, utrum privato an publico consilio, sed utrum iure an iniuria Saguntum oppugnatum sit. Eo foedere, quod cum Hasdrubale fecistis, Saguntinis libertas servatur; sed quod id foedus non auctoritate senatus nostri factum est, vos eo foedere teneri semper negavistis. Itaque desinite Saguntum et Hiberum commemorare, et, quod diu parturit[1] animus vester, aliquando pariat!“

His verbis auditis Fabius sinu[2] ex toga facto „In hoc sinu[2]“, inquit, „vobis bellum et pacem portamus. Utrum placet, sumite!“ Carthaginiensibus „Da, quod tibi placet!“ clamantibus Fabius sinu[2] effuso[3] „Do“, inquit, „bellum.“

1 parturīre: gebären wollen 2 sinus, -ūs m.: tiefe Falte; Tasche 3 effundō, effūdī, effūsum, effundere: ausgießen; ausschütten

S

Phönizier, Karthago. Der Kampf mit Karthago hat Rom über 60 Jahre lang aufs Äußerste in Anspruch genommen. Die Stadt Karthago, in der Nähe des heutigen Tunis gelegen, war im 8. Jahrh. v. Chr. von Phöniziern gegründet worden und hatte sich zu einer mächtigen Handelsstadt entwickelt.

Die Phönizier waren Kaufleute und bedeutende Seefahrer. Sie hatten als Stützpunkte für ihren Handel vom heutigen Libanon aus bis hin nach Spanien ein Netz von Kolonien aufgebaut. Phönizische Schiffe fuhren im Atlantischen Ozean an der Westküste Afrikas entlang bis zu den Kapverdischen Inseln. Es gibt sogar Berichte von einer Afrika-Umsegelung im Auftrag des ägyptischen Pharaos. Dass die lydische Erfindung des Geldes sich schnell im ganzen Mittelmeerraum verbreitete, ist phönizischen Kaufleuten zu verdanken.

Auch die Buchstabenschrift, wie sie die meisten Völker außerhalb Ostasiens heute benutzen, stammt aus dem phönizischen Raum. Phönizier gaben sie an die Griechen und damit an alle europäischen Völker weiter. Buchstabenschrift heißt: Dinge, Tätigkeiten, Befehle, Gefühle wurden nicht mehr durch eine Vielzahl von Bildern ausgedrückt, wie es die Ägypter taten (Hieroglyphen), sondern das gesprochene Wort wurde in Grundlaute, die Konsonanten, zerlegt. Wenn man für jeden dieser etwa zwanzig Konsonanten einen bestimmten

Goldene Ohrringe aus Karthago.

„Buchstaben“ schrieb, konnte man jede Sprache ungefähr so aufzeichnen, wie sie gesprochen wurde und brauchte nicht mehr den umständlichen Umweg über Tausende von Bildzeichen. Die Griechen fügten den Konsonantenzeichen noch die Vokalzeichen hinzu. Seitdem hat sich die europäische Schrift nicht mehr wesentlich geändert.

Phönizische Siedlungen und Handelsstädte standen zunächst in Konkurrenz mit den Griechen, die ebenfalls Kolonien im westlichen Mittelmeer gründeten. In Sizilien gerieten griechische Städte wie Syrakus in kriegerische Auseinandersetzungen mit Karthago.

Zwischen Rom und Karthago bestand seit 509 v. Chr. ein vertraglicher Friedenszustand, der über 200 Jahre andauerte. Als die Römer jedoch das Festland Italien unter ihre Führung gebracht hatten und 264 v. Chr. beschlossen, ihre Herrschaft weiter nach Süden auszudehnen, kam es zum Zusammenstoß der Festlandsgroßmacht Rom mit der See- und Handelsmacht Karthago.

Lectio Octava

A „Numquam in amicitia cum Romanis ero“

Paucis annis post primum bellum Punicum confectum Hamilcar, imperator Carthaginiensium, consilium Hispaniae subiciendae iniit multis senatoribus Carthaginiensibus resistentibus. Cum, priusquam exercitus naves conscenderet, ut mos erat, sacrificaretur, filium suum, Hannibalem nomine, qui tum erat puer novem annorum, ad se vocavit quaesivitque ab eo, secumne in Hispaniam transire cuperet. Cum Hannibal gaudio affectus valde se id cupere dixisset, ad aram eum adduxit manu eius comprehensa. Ibi ceteris remotis filium se numquam in amicitia cum Romanis fore iurare iussit. Itaque Hannibal Hamilcare auctore in odio Romanorum permansit fide semper servata.
Hamilcar, si diutius vixisset, bellum cum Romanis renovavisset. Hamilcare autem mortuo exercitus Carthaginiensium Hannibale duce Alpes superavit et bellum Romanis intulit.

B –

C 1 *Stelle zusammen, welche Arten gedanklicher Fügung zwischen AmP-Blöcken und übergeordneten Verben in Lectio VII und Lectio VIII vorkommen.*

C 2 *Benenne Wortarten und Satzglieder der AmP-Blöcke*
multis senatoribus Carthaginiensibus resistentibus;
Hannibale duce;
Hamilcare mortuo.

C 3 *In A stehen mehrere AmP-Blöcke erst am Satzende. Bestimme die gedankliche Fügung und das Zeitverhältnis dieser Blöcke.*

C 4 *Untersuche, wie in A die Sätze durch Pronomina zu einem Text „verkettet“ sind. Überlege zu jedem Pronomen, wofür es als Stellvertreter steht.*

D *Substantive auf* -tor *sind von Verben abgeleitet; sie bezeichnen die handelnde Person; oft dienen sie als Berufsbezeichnung:*
narrare: *erzählen* – narrator: *Erzähler.*
Erkläre ebenso: imperator; orator; spectator; victor; rector.

E Quo dolo Hannibal inclusus evaserit

Secundo belli anno Hannibal inter montes et mare inclusus erat omnibus viis montiumque iugis a Romanis occupatis. Romanis se bellum

Hannibals Kriegslist. Holzstich aus dem 19. Jahrh.

sedendo perficere posse sperantibus Hannibal ad fallendum hostem dolum invenit. Cum nisi per montes evadere non posset, prima nocte ad montes accessit Romanis inopinantibus. Ante agmen duo milia boum agebantur; quorum cornibus faces ligneae praeligatae[1] erant. Ubi ad primos montes viasque angustas ventum est, signo ab Hannibale dato boves facibus incensis in montes contra Romanos acti sunt. Et metus et calor flammarum boves quasi incensos furore agebat. Bobus magna celeritate currentibus capitaque iactantibus flammae magis magisque incitabantur. Omnibus in montibus arbores ardere Romani credebant, et procul boves speciem hominum currentium praebebant. Atque ubi summis quoque in montibus et supra capita sua ignes quosdam viderunt, se circumventos existimantes fugere coeperunt. Ne intellecto quidem Hannibalis dolo fugiendi finem fecerunt insidias timentes. Carthaginiensium autem exercitus Hannibale duce montibus superatis paulo post in campo aperto castra posuit.

1 praeligāre: vorn anbinden

S **Die Punischen Kriege, Hannibal.** Der römische Senat beschloss 264 v. Chr., in eine Auseinandersetzung um die Stadt *Messana* auf Sizilien militärisch einzugreifen. Um aber gegen die *Poeni* („Punier“, Phönizier), wie die Römer die Karthager nannten, Krieg führen zu können, brauchte Rom eine Flotte. Unterstützt von den griechischen Städten in Unteritalien, bauten die Römer in kurzer

Kriegselefant. Innenbild eines bemalten Tontellers aus Unteritalien.

Zeit über 130 große Kriegsschiffe und bildeten 30000 Seeleute und Ruderer aus. Nach 24 Kriegsjahren mit vielen Siegen, aber auch schweren Niederlagen und Verlusten konnten sie die Karthager zu einem Frieden zwingen, der Sizilien zur ersten römischen *provincia* machte.

Doch die Punier gaben nicht auf: In Südspanien, das damals noch karthagischer Besitz war und weitab vom bisherigen Kriegsschauplatz lag, stellte der Feldherr *Hamilkar* ein neues Heer auf und rüstete zum erneuten Krieg gegen Rom. Römische Geschichtsschreiber berichten, dass Hamilkar seinen Sohn *Hannibal* schwören ließ, immer ein Feind der verhassten Römer zu sein.

Als Hannibal nach dem Tod des Vaters den Oberbefehl übernahm, forderte er die Römer heraus: Er griff *Sagunt* an, eine mit Rom verbündete spanische Stadt, und zwang so die Römer, Karthago den Krieg zu erklären. Schneller als erwartet stand er mit einem gut geschulten Heer in Italien; er hatte die unglaubliche Leistung vollbracht, mit seiner Armee, zu der auch Kriegselefanten gehörten, durch die Pyrenäen und das südliche Gallien zu ziehen und schließlich die Alpen zu überqueren. In drei Schlachten blieb er in den nächsten Jahren siegreich und fügte den römischen Heeren große Verluste zu. Die

Schlacht von *Cannae* im Südosten Italiens an der Adriaküste (216 v. Chr.) war die schwerste Niederlage der römischen Geschichte. Danach vermieden die römischen Feldherren die offene Schlacht; sie gingen dem überlegenen Strategen Hannibal aus dem Weg. Hannibal blieb zwölf weitere Jahre unbesiegt in Italien, bis er 204 v. Chr. von der karthagischen Regierung den Befehl erhielt, nach Afrika zurückzukehren, weil der römische Feldherr *Scipio* mit einem Heer in Afrika gelandet war. Bei *Zama* in der Nähe von Karthago kam es zur Entscheidungsschlacht (202 v. Chr.). Scipio blieb Sieger.
146 v. Chr. zerstörten die Römer nach einem weiteren Krieg Karthago völlig und errichteten die Provinz *Africa*.

Lectio Nona

A De filio Solis

Sol Phaëthontem, filium suum, appropinquantem salutavit eique „Cur fles“, inquit, „mi fili[1]? Dic mihi! Facere volo omnia, quae filius meus vult.“ Tum ille: „Amici, qui me offendere volunt, me non esse filium tuum dicunt.“ Sol: „Dic mihi, cur te offendere velint!“ Filius: „Nescio. Sed timeo, ne iram deorum movere malint quam tacere.“ Sol: „Amici tibi sunt mali. Quid facere vis?“ Filius: „Me tuum esse filium omnibus demonstrabo. Tuum igitur currum, pater, per caelum manu mea regere volo. Si tu mihi id, quod opto, permittere non vis, diutius vivere nolo. Mortem obire quam iterum ab amicis derideri malo.“
Sol his verbis territus, quid faceret, nesciebat. Non ignorabat filium rem periculosam audere velle et filio resistere quam parere malebat. Sed cum fidem servare vellet, tandem mollitus est. Utinam Sol fidem servare noluisset! Iam currus parabatur, iam equi adducebantur. Nolens volens Sol filio suo paruit; sed cum ille currum iam conscendere vellet, dixit: „Hunc currum, mi fili[1], me invito occupare voluisti. Equidem nolo semperque nolam, quod nunc audes. Etiam nunc te retinere mallem. Sed haec quidem verba memoria tene: Currum rege cum prudentia! Noli nimiam altitudinem petere, noli fluctibus maris appropinquare! Medio tutissimus ibis.“
Sed iam equi iussu iuvenis ferocis caelum petebant. Ille autem verba patris memoria tenere aut noluit aut non potuit: Summo de caelo cecidit fulmine Iovis deiectus.

1 mī fīlī (Vok.): mein (lieber) Sohn

B Consuetudinis vis magna est

Gladiatores quas plagas[1] perferunt! Quo animo illi, qui bene instructi sunt, accipere plagam[1] malunt quam effugere! Quam saepe apparet nihil eos malle quam domino satis facere vel populo! Mittunt etiam vulneribus fatigati ad dominos quaeruntque, quid velint; si satis factum sit, se velle mortem obire. Quis gladiator vultum mutavit umquam? Quis ferrum recipere iussus collum contraxit? Tantum consuetudo valet.

1 plāga: Schlag

C *Welche Satzstellen in A sind von Infinitiven gefüllt, die von den Verben* velle, nolle, malle *abhängen?*

D 1 malus *oder* mālle?
Übersetze: mālō; malō; malum; mālēbam; māluimus; māluī; malī; māluerō; māllem; mālam; malam; malīs; mālīs.

D 2 velle? volare? vis? vultus? *oder …?*
Übersetze: vis; vitis; viis; non vis; non vultis; vultui; voluimus; voluerimus; volet; volat; velit; vellet; voluisset; volavisset; volumus; vultis; vultus; volebamus; volabamus; volamus; velimus; volemus.

D 3 *Welche Formen sind nicht von* nolle? *Bestimme die Formen von* nolle *und übersetze die anderen:*
nolo; noli; nemo; nolite; nonne; nolis; non vis; nomine; nobis; noluisti; nolebatis; notis; noluerim; noctem; nollem; nostri.

Stelle aus den Wörtern, die nicht Formen von nolle *sind, der Reihe nach die Buchstaben 3-5-4-5-3-5-5 zusammen. Sie ergeben einen nicht nur bei Sportlern begehrten Titel. Überlege, aus welchem lateinischen Substantiv dieses Lösungswort entstanden ist.*

E Martialis epigrammata[1]

Basia[2] das aliis, aliis das, Postume, dextram.
  Dicis: „Utrum mavis? Elige!“ Malo manum. (II 21)

Qualem, Flacce, velim, quaeris, nolimve[3] puellam?
  Nolo nimis facilem difficilemque nimis.
Illud, quod medium est atque inter utrumque, probamus.
  Nec[4] volo, quod cruciat[5], nec[4] volo, quod satiat[6]. (I 57)

Nil[7] recitas et vis, Mamerce, poeta videri.
Quidquid[8] vis, esto[9], dummodo[10] nil[7] recites. (II 88)

Dimidium[11] donare Lino quam credere totum
Qui mavult, mavult perdere dimidium[11]. (I 75)

1 epigramma, -matis n.: Epigramm 2 bāsium: Kuss 3 -ve: oder 4 nec … nec = neque … neque 5 cruciāre: martern 6 satiāre: sättigen 7 nīl = nihil 8 quidquid: was immer 9 estō: es soll sein 10 dummodo (m. Konj.): wenn nur 11 dīmidium: Hälfte

Jedes Epigramm soll einen Überraschungseffekt (eine Pointe) enthalten. Worin liegt er jeweils? Mit welchen sprachlichen Mitteln wird er erreicht?

Lesender Arzt. Auf dem Schrank ein Kästchen mit medizinischen Instrumenten. Relief von einem Marmorsarkophag.

S **Schreibtafeln, Buchrollen, Bibliotheken.** Notizen, geschäftliche Aufzeichnungen, Schulaufgaben und kürzere Briefe schrieb man in Rom auf *tabulae* oder *cerae*, Holztäfelchen, die mit einer dünnen Wachsschicht überzogen waren. Mit dem *stilus*, einem spitzen Griffel aus Metall oder Elfenbein, ritzte man vorsichtig ins geschwärzte Wachs die Buchstaben, die dann weiß sichtbar wurden. Wollte man das Geschriebene löschen, strich man das Wachs mit dem abgeplatteten anderen Ende des *stilus* wieder glatt. Oft waren zwei (manchmal auch mehr) Tafeln wie Blätter unserer Ringbücher an der Kante durchlöchert und mit einer Lederschnur zusammengebunden. Man konnte ein solches *diptychon* zusammenklappen und so die Schrift auf den beiden Innenseiten schützen.

Längere Texte wurden auf *papyrus*, „Papier“, geschrieben. Das Material lieferte die Papyrusstaude, eine schilfähnliche Pflanze, die besonders im Nildelta

wuchs. Die Herstellung von Papyrus lag daher in den Händen der Ägypter. Das Mark der Stängel wurde in Streifen geschnitten und in zwei Schichten über Kreuz aufeinander gelegt. Dann wurde es gepresst und durch den in der Pflanze enthaltenen Klebstoff zusammengeleimt. So entstanden etwa 30 Zentimeter breite Blätter, die in beliebiger Zahl aneinander geklebt werden konnten. Anfang und Ende eines längeren Streifens wurden an Holzstäben befestigt, auf denen man den Streifen auf- oder abwickelte. Eine solche Buchrolle nannte man griechisch *biblion*, lateinisch *volumen*. Beschrieben wurde die Rolle mit kurzen Zeilen, die in senkrechten Kolonnen angeordnet waren (ähnlich wie heute in einer Zeitung). Man schrieb mit Tinte und dem *calamus*, einem zurechtgeschnittenen und angespitzten kleinen Pflanzenrohr.
Schon früh wurden solche Buchrollen in Bibliotheken gesammelt. Am berühmtesten war die Bibliothek von Alexandria in Ägypten; sie soll 700000 Bände (Buchrollen) besessen haben. In Rom gab es öffentliche Bibliotheken seit dem 1. Jahrh. v. Chr., im 4. Jahrh. n. Chr. nicht weniger als achtundzwanzig. In der Kaiserzeit erhielten oft auch Provinzstädte eine Bibliothek. Die Bibliothek von Ephesos wurde von einem früheren Statthalter der Provinz Asia gestiftet und 135 n. Chr. fertiggestellt. Ihre prächtige Fassade ist vor einigen Jahren zum größten Teil aus originalem Material wiedererrichtet worden.

Die Bibliothek von Ephesos.

Lectio Decima

A De amico falso

In silva quadam ursus[1] magnus versabatur, qui de vita sua laetabatur atque variis fructibus delectabatur. Adulescens quidam, qui solus per silvam ire verebatur, amicum oravit: „Sequere me mihique contra ursum[1] ferocem auxiliare! Si mihi auxiliatus eris, donabo tibi omnia, quae volueris.“ Amicus ille auxilium pollicitus est nihil cunctatus.

Subito ursus[1] adest. Tum ille proximam arborem ascendere conatur. Socius autem animam continens[2] sicut mortuus humi[3] iacet. Ursus[1] os auribus eius admovet, quasi cum eo colloqui vellet. Sed mortuum aspernatus in silvam se recepit. Amicus miratus, quod socius nihil mali passus erat, tandem de arbore descendit, ut socio gratularetur. Eum interrogat, quid ursus[1] ei in aurem locutus esset. Tum ille „Ursus[1]“, inquit, „me hortatus est, ne amico fidem haberem, cuius fides in rebus adversis non esset probata.“

1 ursus: Bär 2 animam continēre: den Atem anhalten 3 humī: auf dem Boden

B De rana et bove

In fluminis ripa rana bovem magnum conspexit. Aliae ranae, quae eam sequebantur, magnitudinem bovis mirabantur. Tum illa rana invidia commota se bovem magnitudine superaturam esse pollicita est et corpus inflavit[1]. Cum se iam bovis magnitudinem assecutam esse arbitraretur, se brevi tempore bovem superaturam esse gloriata est. Sociis non assentientibus maxima vi se inflare[1] coepit.

Tum ceterae ranae veritae, ne rem malam pateretur, eam orabant, ne diutius bovem imitari conaretur. Illa autem verba earum aspernata est. Iam se latiorem bove esse laetabatur, iam gloriabatur de victoria, cum subito magno cum fragore[2] corpus eius ruptum est. Tum ceterae ranae haec fere verba locutae sunt: „Inóps[3], poténtem dúm vult ímitarí, perít.“

1 īnflāre: aufblasen 2 fragor, -ōris m.: Krachen; Knall 3 inops, (Gen.:) inopis: arm; schwach

C 1 *Untersuche Wortwahl, Wortstellung und Tempuswahl in B, Zeilen 10ff.*

C 2 *Beschreibe, wie sich* aliae ranae *(Zeile 2) bzw.* ceterae ranae *(Zeilen 8; 11) verhalten, und nimm Stellung dazu.*

… aetare; laetor; laeto; laetaris; laeteris; laetareris; laetabuntur; …ntur; laetamini; laetemini; laudamini; laudemini; laetabar; lae… , ad laetandum; laetati sumus; laetata esset; laetatae erunt; laeta…sit; laetatae estis.

Übersetze:
sequere; sequeris; sequēris; sequaris; sequebaris; sequar; sequor; sequerer; sequimini; sequamini; sequemini; sequeremini; sequi; secuti; secundi; sequenti; sequendi.

E De vitreo[1], quod non frangebatur

Faber quidam phialam[2] vitream fecerat, quae non frangebatur. Tum ad Caesarem profectus est, ut ei phialam[2] donaret; nam Caesarem se magno praemio affecturum esse arbitrabatur. Cum ad Caesarem admissus esset, se phialam[2] ei porrigere[3] simulavit. Cum autem Caesar eam sumere vellet, faber eam, quasi e manibus lapsa esset, in pavimentum[4] proiecit. Nemini erat dubium, quin phiala[2] fracta esset; omnes vereban-

Römisches Diatretglas aus Köln, 1. Hälfte des 4. Jahrhunderts n. Chr.

tur, ne faber morte puniretur. Quantopere igitur mirabantur, cum ille tolleret phialam[2] de terra incolumem. „Noli iratus esse“, inquit, „o domine! Statim phialam[2] reficiam.“ Quam cum undique spectavisset et collisam[5] tamquam vas aëneum[6] invenisset, martiolum[7] e sinu sumpsit et phialam[2] refecit. Quo facto laetus praemium magnum se a Caesare assecuturum esse exspectabat. Tum Caesar hoc modo locutus est: „Si mihi hanc rem narravisses, te mentitum esse dixissem. Sed dic mihi: Num alius haec vitrea[1] facere scit?“ Postquam se solum eam artem scire confessus est, Caesar eum interfici iussit; verebatur enim, ne mox aurum vilius vitreo[1] esset.

1 vitreum: Glas 2 phiala (vitrea): (Glas)schale 3 porrigere: reichen 4 pavīmentum: (Stein)fußboden 5 collīsus: verbeult 6 aēneus: Bronze- 7 martiolus: Hämmerchen

S **Handwerk in Rom.** Die Tätigkeit des Handwerkers entwickelte sich aus den Bedürfnissen des bäuerlichen Lebens heraus schon früh zu einem eigenen Beruf. Die *familia* stellte zwar die meisten Geräte und Kleidungsstücke selbst her, es gab jedoch Arbeiten, die spezielle Kenntnisse und Fertigkeiten erforderten. Diese Arbeiten wurden dann z.B. vom Schmied, vom Wagenbauer oder vom Zimmermann ausgeführt. Auch die Herstellung von Tongefäßen war schon früh Sache von Spezialisten und ein eigener Handwerkszweig. In den Städten schritt die Arbeitsteilung noch weiter fort.

Bäcker, *pistores*, boten die verschiedensten Brot- und Kuchensorten an. Die Herstellung und das Färben von Woll- und Leinenstoffen war Aufgabe einer ganzen Reihe von Handwerksberufen. Auch bei den Schuhmachern, *sutores*, gab es eine Vielzahl von Spezialberufen, je nach Art der Schuhe. Bauhandwerker und Steinmetze arbeiteten nicht nur an monumentalen Großbauten, sondern gestalteten auch das Innere der Häuser mit Marmorfliesen und Mosaiksteinen. Reste von Metallbeschlägen an Möbeln und Türen zeugen noch heute von der Kunst der Metallarbeiter und Metallgießer. Von ihnen wurden auch einfache oder luxuriösere Haushaltsgegenstände gefertigt, vom Löffel bis zur großen bronzenen (Öl)stehlampe. Die Trompetenmacher hatten, wie viele andere Handwerker, eine eigene Gasse in Rom, in der es laut zuging, wenn sie ihre Instrumente auf der Straße ausprobierten. Waffenschmiede gehörten zu den ältesten Handwerkern überhaupt.

Groß war die Kunstfertigkeit der Glasmacher, *vitrearii*. In vielen Museen stehen noch kostbare römische Trinkgläser. Besonders berühmt sind die *Diatretgläser*, bei denen ringsum ein Netzwerk ausgeschliffen ist, kunstvoll nur durch feine Glasstege mit der Gefäßwand verbunden. Am oberen Rand sind zusätzlich die Buchstaben eines Trinkspruchs herausgearbeitet. Auf einem solchen Glas steht z.B. BIBE VIVAS MULTIS ANNIS. Von der Bewunderung der Glasmacherkunst zeugt auch die erfundene Geschichte von dem Meister, dem es gelang, ein unzerbrechliches und verformbares glasähnliches Material herzustellen.

Zwei Grabstelen: Schmiedewerkstatt und Laden eines Schmieds.

Lectio Undecima

A De fide leonis

Vacca[1] et capella[2] et ovis cum leone venantes per silvas montesque vagabantur. Fame vexati se venando praedam adepturos esse sperabant. Cum cervum[3] magnum cepissent, partita praeda leo sic locutus est: „Ego primam partem sumo, quod leo nominor; quod fortis sum, secundam partem mihi dare non cunctabimini; tum, quod validior vobis sum, tertia me sequetur; denique rem malam patietur is, qui quartam partem tetigerit.“ Sic leo tota praeda potitus est ceteris iniuriam non querentibus. Veriti enim sunt, ne morerentur, nisi leoni assensi essent. Numquám est fidélis cum poténte sócietás.

1 vacca: Kuh 2 capella: Ziege 3 cervus: Hirsch

B 1 Non omnia conare credere omnibus semper!

Paupertas[1] multa experiri docet.

1 paupertās, -ātis f.: Armut

B 2 Martialis epigrammata[1]

Nubere[2] vis Prisco: Non miror, Paula, sapisti[3].
Ducere[4] te non vult Priscus: Et ille sapit[3]. (IX 5)

Hostem cum fugeret, se Fannius ipse[5] peremit[6].
Hic, rogo, non furor est, ne moriare[7], mori? (II 80)

Dentibus atque comis[8] – nec[9] te pudet[10] – uteris emptis.
Quid facies oculo, Laelia? Non emitur. (XII 23)

1 epigramma, -matis n.: Epigramm 2 nūbere (m. Dat.): (einen Mann) heiraten 3 sapere: Geschmack haben; vernünftig sein (sapīstī = sapīvistī) 4 dūcere: (eine Frau) heiraten 5 ipse: selbst 6 perimō, perēmī, perēmptum, perimere: umbringen 7 moriāre = moriāris 8 coma: Haar 9 nec = neque 10 tē pudet: du schämst dich

C 1 *Deponentien sind Verben, deren Formen mit denen des Passivs übereinstimmen. Stelle aus A die Formen zusammen, die dieser Definition* nicht *entsprechen. Versuche, diese Ausnahmen zu erklären.*

C 2 *In A entspricht der AmP* partita praeda *formal der Definition der Deponentien. Erläutere, inwiefern er dennoch vom üblichen Gebrauch der Deponentien abweicht.*

C 3 *a) Stelle aus der Rede des Löwen (A, Zeilen 5–8) die Wiederholungen und die Variationen zusammen.*
b) Überlege, wie die Aussage der letzten Zeile durch die Wortstellung akzentuiert ist.
c) Charakterisiere das Verhalten des Löwen.

C 4 *Jedes der Epigramme in B 2 enthält eine Wortwiederholung. Ermittle sie und überlege, welche Wirkung sie wohl hat/haben soll.*

D 1 *Übersetze und erweitere auf Deutsch zu einem vollständigen Satz:*
1. colloquendi causa 2. causa colloquendi 3. ad proficiscendum 4. partita praeda 5. partito exercitu 6. aurum inter se partiti sunt 7. in hortandis militibus 8. in loquendo 9. eum adepturum esse 10. partitis copiis.

D 2 quaerere *oder* queri?
Übersetze: querere; quaerere; quaere; quaeri; queri; questi sunt; quaesiti sunt; quaeror; queror; querar; querereris; quaereres; quaeres; quereris; querendi; querenti; questos esse; quaesituros esse; questi essent; quaesita erat; questurum esse.

Gedenkstein für den Centurio M. Caelius, gefallen auf dem Feldzug des Varus 9 n. Chr.

E De saltu[1] Teutoburgiensi

Sexto anno post cladem in saltu[1] Teutoburgiensi acceptam Romani Germanico Caecinaque ducibus octo cum legionibus Arminii aggrediendi causa contra Germanos profecti sunt. Partitis inter Germanicum Caecinamque copiis variis itineribus uno tempore ad flumen Amisiam congressi sunt. Chauci, cum auxilia polliciti essent, Romanos sequebantur. Bructeros Stertinius legatus iussu Germanici in fugam dedit atque in praedando conspexit undevicesimae legionis aquilam cum Varo amissam.

Igitur Germanicus se saltum[1] Teutoburgiensem, in quo reliquiae Vari legionumque insepultae[2] iacebant, ingressurum atque commilitones[3] mortuos sepulturum esse militibus pollicitus est. Loca maesta albentia[4] ossa[5], fracta tela equorumque reliquias ostendebant. Vicinae erant arae, apud quas Germani multos milites Romanos interfecerant. Milites quidam, qui pugnam Varianam[6] aut vincula Germanorum effugerant, meminerant hoc loco cecidisse legatos, illo raptas aquilas ostendebantque, quo loco Varus primum vulnus accepisset, ubi manu sua mortuus esset.

Romani, qui aderant, maesti trium legionum ossa[5] sepeliverunt aucta in hostem ira. Omnes de fortuna hominum querentes se Germanos

Eiserne, ursprünglich mit Silberblech überzogene Maske eines römischen Gesichtshelms. Gefunden in Kalkriese (bei Osnabrück).

mox punituros esse arbitrabantur. Germanicus regredientem Arminium secutus est et, ubi potestas fuit, legiones manus Germanorum aggredi iussit.

1 saltus, -ūs m.: Wald(gebirge) 2 īnsepultus: unbestattet 3 commīlitō, -ōnis m.: Kamerad 4 albēre: weiß sein 5 os, ossis n.: Knochen; Bein 6 Vāriānus = Adj. zu Vārus; mit Genitiv oder mit Präposition zu übersetzen

S **Römer und Germanen.** Ende des 2. Jahrhunderts v. Chr. verließen Germanenstämme aus Dänemark ihre Heimat, wo Sturmfluten die Äcker verwüstet hatten, und drangen allmählich nach Süden vor. Sie suchten mit ihren Familien neue Wohnsitze im südlichen Europa und kamen so in Konflikt mit den ihr *Imperium* erweiternden Römern.

Die erste Begegnung mit den Germanen blieb den Römern in schrecklicher Erinnerung: Als 113 v. Chr. das Herannahen germanischer *Kimbern* und *Teutonen* gemeldet wurde, trat ihnen ein römisches Heer im heutigen Österreich entgegen; es wurde von den Germanen überrannt und aufgerieben. Mehrmals wurden in den folgenden Jahren römische Heere von den Germanenstämmen geschlagen, bis der Feldherr *C. Marius* die Kimbern und Teutonen mit überlegener Strategie und Kriegstechnik vernichtete.

Nachdem die Römer Gallien und das Alpenvorland erobert hatten, waren Rhein und Donau die natürliche Grenze zwischen dem *imperium Romanum* und den Germanen. Augustus versuchte zwar, auch das Gebiet zwischen Rhein

und Elbe unter römische Gewalt zu bringen. Aber nach Anfangserfolgen erlitten die Römer im Jahre 9 n. Chr. eine schwere Niederlage. Germanenstämme unter Führung eines Cheruskerfürsten, den römische Geschichtsschreiber *Arminius* nennen, vernichteten die drei Legionen des Varus mit einer Kriegsführung, die man als Partisanenkrieg bezeichnen kann.
Lange hat man den Ort der Katastrophe vergeblich gesucht. Seit einigen Jahren lassen Funde von Waffen, Ausrüstungsgegenständen und besonders Münzen am Kalkrieser Berg nördlich von Osnabrück aber vermuten, dass dort die traditionell so genannte „Schlacht im Teutoburger Wald" stattgefunden hat. Römische Schriftsteller haben die Germanen mit einer Mischung aus Bewunderung, Furcht und Ablehnung geschildert: Ihre Körpergröße und Kraft, ihre „blitzenden blauen Augen", ihre Tapferkeit, ihre Abhärtung gegen Kälte und Hunger haben die Römer beeindruckt. Andererseits konnten sie in diesen „Wilden", gemessen an der römischen Kultur, nur „Barbaren" sehen.

Lectio Duodecima

A De Hispano quodam superbo

Tiberio principe in Hispania nonnulli nobiles Hispani pecuniam publicam fraudaverant[1]. Quam cum praetor provinciae Piso nomine magna cum severitate cogeret, illi nobiles consilium eius interficiendi inierunt. Itaque unus eorum, qui erat magna superbia, odio praetoris incensus inopinantem in itinere interfecit. Et cum celeritate equi effugisset montesque ingressus esset, equo dimisso per saxa e manibus sequentium evasit.
Neque diu eos fefellit. Nam Romani equum eius comprehensum paucis diebus post per proximos vicos duxerunt, ut cognoscerent, cuius esset. Eo modo repertus est.
Cum tormentis prodere socios cogeretur, voce magna clamat: „Frustra interrogor. Tormenta mihi terrori non sunt. Vellem socii mei adessent et constantiam meam viderent! Constantia enim nemo me superat. Nulla vis doloris tanta est, ut veritatem eliciat[2]!" Ille vir ingentis virtutis cum postero die iterum ad quaestionem traheretur, se custodibus eripuit eoque impetu caput saxo afflixit[3], ut statim moreretur.
Pisonem severiorem aliis praetoribus fuisse constat; nam pecunias e publico[4] fraudatas[1] tanta semper severitate cogebat, ut Hispani superbi non toleraverint.

1 fraudāre: unterschlagen 2 ēliciō, ēlicuī, ēlicitum, ēlicere: hervorlocken 3 afflīgō, afflīxī, afflīctum, afflīgere (m. Dat.): schmettern (gegen) 4 pūblicum: Staatskasse

B De Arminio et Flavo fratribus

Flumen Visurgis inter Cheruscos exercitumque Romanum fluebat. Eius in ripa cum ceteris principibus Cheruscorum Arminius constitit. Cum e Romanis quaesivisset, venissetne Germanicus, oravit, ut liceret cum fratre colloqui. Erat is in exercitu Romano, Flavus nomine, vir fidus, qui paucis annis ante Tiberio duce per vulnus oculum amiserat. Tum progressus salutatur ab Arminio; qui postulat, ut omnes et Germani et Romani se reciperent, et postquam abierunt, fratrem interrogat, unde ea deformitas[1] oris esset. Illo locum et proelium referente quaerit, quod praemium accepisset. Flavus aucta stipendia et militaria dona commemorat irridente Arminio vilia servitutis praemia.
Deinde ille magnitudinem Romanam copiasque Germanici ostendit et minatur omnes civitates victas graves poenas passuras esse et addit neque uxorem eius neque filium hostiliter haberi[2]; hic patriam communem, libertatem antiquam, deos patrios, matrem infelicem demonstrat. Paulatim iurgare coeperunt; et ne flumine quidem prohibiti essent, ne ferro rem gererent, nisi Stertinius legatus Romanus accurrens Flavum irae plenum armaque et equum postulantem retinuisset.

1 dēfōrmitās, -ātis f.: Entstellung 2 hostīliter habēre: als Feinde behandeln

C 1 *Bestimme die Funktion der in A vorkommenden Ablative und Genitive.*

C 2 a) *Stelle aus A die Wiederholungen zusammen und überlege, welche Erzählfunktion sie wohl haben.*
b) *Überlege, wo sich in A die* superbia *des Spaniers zeigt.*

C 3 *Untersuche die Tempusstruktur von B.*

D *Ordne nach Wortarten und bestimme:*
a) *Ausgang* -i: defendi; auri; audi; laudi; horti; hortari; portari; portui; potui; sequimini; egi; lēgi; legi; capi; īstī; istī, siti, ei; ii.
b) *Ausgang* -o: eo; ibo; portavero; ero; erro; ferro; fero; lato; subito; homo; duo; domo; dono; experiendo.
c) *Ausgang* -um: socium; ferocium; forum; horum; horarum; portuum; hortatum; ad proficiscendum; domum; donum; istum; rerum; montium; odium.

E Tiberius Caesar cum exercitu ad Albim fluvium pervenit

Quinto p. Chr. n. anno exercitus Romanus Tiberio Caesare duce magnis itineribus usque ad Albim pervenit, fluvium magna latitudine, qui multos Germaniae fluvios longitudine superat. Augusto auctore

Der Kaiser Tiberius (14–37 n. Chr.).
Reliefschnitt aus Glas.
Rechts die Künstlersignatur.

Tiberius Caesar magno cum exercitu a Rheno profectus erat, ut Germanos subiceret et fines imperii usque ad Albim promoveret[1].

Cum Romani duobus mensibus post, quam profecti sunt, sinistram Albis ripam castris occupavissent, planities trans fluvium sita plena hostium erat. Unus Germanorum, qui aetate et magnitudine et dignitate ceteros superabat, lintrem[2] conscendit; solusque medium in flumen profectus petivit, ut sibi in eam ripam, quam Romani armis tenebant, exire et Caesarem videre liceret.

Data potestate appulso lintre[2] diu tacitus Caesarem contemplabatur. Admirabatur virum corporis pulchri validique, qui erat vultu honesto et magnis oculis. Tandem haec fere verba locutus est: „Nostri iuvenes furore affecti sunt, qui vos, si abestis, admirantur vestrumque numen colunt, vestra autem arma, si adestis, metuere quam fidem vestram sequi malunt. Sed ego clementia tua, Caesar, hodie vidi deos, de quibus antea audiebam; nullum diem, qui felicior hoc die erat, tota mea vita vidi.“

Et cum impetravisset, ut manum Caesaris tangeret, regressus in lintrem[2] sine fine ad Caesarem spectabat, donec[3] ripae suorum appulsus est.

1 prōmovēre: vorschieben 2 linter, -tris m.: Kahn 3 dōnec: bis

a) Untersuche die Tempusstruktur dieser Geschichte.

b) Suche inhaltliche und sprachliche Hinweise darauf, dass die Gliederung in vier Abschnitte richtig ist. Gib jedem Abschnitt eine Überschrift.

Die Porta Nigra in Trier, Innenseite.

S **Die Römer in Deutschland.** Wenn man einen Stadtplan von Köln oder von Regensburg aufmerksam betrachtet, entdeckt man, dass bestimmte Straßen der Altstadt ziemlich genau an den Seiten eines Rechtecks verlaufen und dass andere Straßen innerhalb dieses Rechtecks ein Schachbrettmuster bilden: Die Stadtanlage zeigt die charakteristische Form des römischen (Militär)lagers und Kastells.

Wie Köln oder Regensburg sind viele Städte an Rhein und Donau und im Hinterland dieser beiden Flüsse aus früheren römischen Festungen und Militärsiedlungen entstanden. Manche Städtenamen lassen den lateinischen Ursprung noch erkennen: Köln = *Colonia (Claudia Ara Agrippinensium)*, Mainz = *Mogontiacum*, Regensburg = *Castra Regina*, Augsburg = *Augusta Vindelicorum*, *Trier* = *Augusta Treverorum.* Von der Bundesrepublik gehörten etwa die Bundesländer Rheinland-Pfalz, das Saarland, Baden-Württemberg, der linksrheinische Teil Nordrhein-Westfalens sowie das südliche Bayern zum *Imperium Romanum.* Das Gebiet zwischen Rhein und Donau war jedoch von keiner natürlichen Grenze gegen Angriffe von Germanenstämmen gesichert. Diese „Lücke" schlossen römische Soldaten im 1. Jahrh. n. Chr. durch einen Grenzwall, *limes:* eine durchgehende Palisade aus Holzpfählen, davor Graben und Wall. Der Limes war über 500 Kilometer lang. Von Wachttürmen, die in Sichtweite voneinander standen, konnte man durch Flaggen, Feuerzeichen oder Rauch schnell Alarm zum nächsten Kastell geben. Kastelle waren im Hinterland in regelmäßigen Abständen angelegt. Gute Verbindungswege ermöglichten es den dort stationierten Reitern und Fußtruppen, sofort einzugreifen. Über 50 Limeskastelle wurden in Deutschland festgestellt. Eines davon, die *Saalburg* im Taunus, wurde wieder aufgebaut und ist heute ein Freilichtmuseum. Ein anderes Freilichtmuseum, in dem verschiedene Gebäude einer

Das Dionysos-Mosaik aus Köln, 3. Jahrh. n. Chr. Gesamtansicht.

Germanien in römischer Zeit.

römischen Stadt, der Stadt *Colonia Ulpia Traiana*, rekonstruiert sind, ist der Archäologische Park Xanten.
Römische Kultur, Baukunst, Ackerbaumethoden wie der Obst- und Weinbau, Handwerk, z.B. die Glas- und Keramikkunst, die Religionen des Römerreiches, römisches Recht, römische Verwaltung und nicht zuletzt die lateinische Sprache wurden von den Bewohnern der Provinzen hinter dem Limes übernommen.

Lectio Tertia Decima

A De asino stulto

Erat quidam rex, qui canibus parvis ludere gaudebat; tantopere eos diligebat, ut eos non solum cibis bonis nutriret[1], sed etiam in gremio[2] tenere soleret. Quin etiam eos pedes circum collum suum ponere et os suum lambere[3] patiebatur. Itaque tantopere gremio[2] eius consueverant, ut semper eo reverterentur.

Asinus invidia commotus dixit: „Quo modo fieri potest, ut rex mihi quoque cibos bonos tribuat? Cur non ego quoque audeo ante regem canere et pedes circum collum eius ponere? Arte mea confidam! Eo modo fiet, ut rex arte mea gavisus merito honore me afficiat; fiet, ut ego quoque a rege diligar.“ His verbis pulchris confisus aulam intrare ausus est et ante regem primo cecinit, deinde saltavit; postremo ad regem cucurrit et pedes circum collum eius posuit, ut os eius lamberet[3], sicut illi canes consueverant. Rex autem gavisus non est, sed timuit, ne asinus nimis superbus fieret, et eum verberari et in stabulum reduci iussit. Ille, cum eo revertisset, secum locutus est: „Ea arte, qua confisus eram, deceptus sum; quod speraveram, factum non est. Verum est illud proverbium: Qui stultus exit, stultus revertetur.“

1 nūtrīre: füttern 2 gremium: Schoß 3 lambere: lecken

B

1. Vespasianus ne in metu quidem et periculo mortis extremo abstinuit iocis; morbo gravi affectus „Vae“, inquit, „puto, deus fio.“
2. Fiat lux; et lux facta est.
3. Fiat iustitia, pereat mundus.

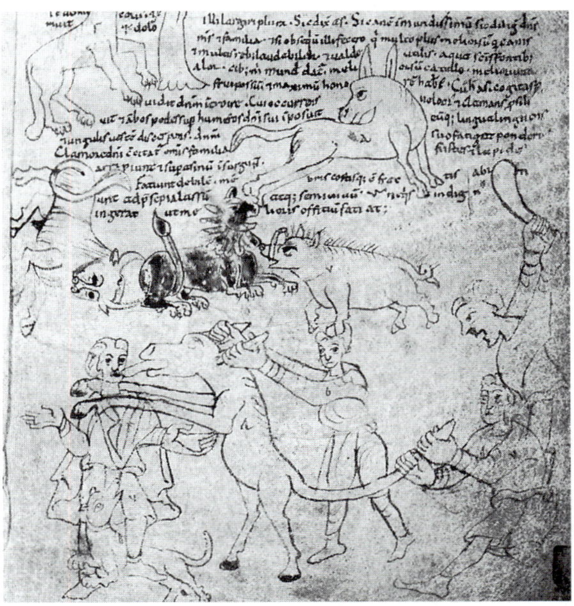

Der törichte Esel. Illustration aus der Ademar-Handschrift (um 1000 n. Chr.), einer lateinischen Fabelsammlung.

C1 *Untersuche die Tempusstruktur von A.*

C2 *Untersuche, was in B mit Hilfe der Wortstellung hervorgehoben ist.*

D1 *Übersetze die Indikativformen und bestimme die Konjunktivformen. Welche Form bleibt übrig?*
fitis; fis; fiat; fit; fiet; fieret; fiunt; fiant; fierent; fio; fiam; fieri.

D2 *Substantiv oder Verb? Übersetze und nenne die lateinische Grundform (Nom. Sg. bzw. Inf. Präs.):*
gaudio; gaudeo; gaudebo; solēs; sōlēs; sōlis; sōlīs; solērēs; sōlem; soleam; aude; audi, ausi; gavisa esset; audita erat; ausae sunt.

D3 *Bestimme die doppeldeutigen Formen und übersetze die eindeutigen:*
revertere; reverti; revertor; revertar; reverterat; revertitur; revertisse; revertisti.

E De milite[1] et serpente[2]

Multos ante annos miles[1] erat, cuius uxor erat magna avaritia parvaque prudentia. Is miles[1] tam multis torneamentis[3] interesse solebat, ut magnam in egestatem[4] veniret nesciretque, quid ageret.
In domo militis[1] serpens[2] versari solebat. Ille serpens[2], cum dolorem eius vidisset, se ei ostendere ausus dixit: „Cur fles? Si mea fide confisus eris, tibi auxiliabor. Si cottidie lac[5] dulce mihi praebebis, dives fies.“ Quo audito miles[1] gavisus est et cottidie serpenti[2] lac[5] dulce apportabat. Neque serpens[2] eum fefellit: Brevi dives factus est; in dies divitiae eius augebantur.
Uxor autem divitiarum cupidissima marito „Serpentem[2] illum“, inquit, „in sua caverna[6] multa bona abdidisse confido. Interficiamus eum, ut omnes eius divitias possideamus!“
Igitur miles[1] postero die, cum, ut solitus erat, serpenti[2] lac[5] afferret, uxore auctore malleum[7] secum portavit. Cum serpens[2] lacte[5] viso caput e caverna[6] extendisset militi[1] non diffisus, ille malleo[7] eum interficere conatus est. Serpens autem corpus contraxit, ut ictu[8] mallei[7] vas, in quo lac[5] erat, frangeretur; statimque miles[1] omnia, quae possidebat, amisit. Paulo post iussu uxoris ad serpentem[2] revertit et eum orare ausus est, ut sibi ignosceret et iterum divitias praeberet. Ille autem: „Ille ictus[8] mallei[7] semper ante oculos versabitur; perfidiae tuae semper meminero. Te foedus novum servaturum esse diffido. Itaque pax inter nos fieri non potest.“

Tum miles[1] ad uxorem reversus „Si tibi confisus non essem“, inquit, „divites mansissemus.“

1 mīles, -litis m.: hier: Ritter
2 serpēns, -ntis m.: Schlange
3 torneāmentum: Turnier
4 egestās, -ātis f.: Armut
5 lac, lactis n.: Milch
6 caverna: Höhle
7 malleus: Hammer
8 ictus, -ūs m.: Schlag

Turnierszene. Aus der Großen Heidelberger Liederhandschrift „Codex Manesse“.

S **Pergament, Buchhandel, Lesen.** Haltbarer als Papyrus, allerdings auch teurer, war das Pergament *(membrana)* aus sorgfältig gegerbtem, weißem Schafsleder. Pergament konnte auf beiden Seiten beschrieben werden. Man konnte ein beschriebenes Blatt auch wieder „abradieren“ und neu beschreiben. Die Blätter wurden, wie bei unseren heutigen Heften und Büchern, mehrmals gefaltet und zusammengeheftet. Wertvolle und viel benutzte Bücher aus Pergament erhielten noch hölzerne Buchdeckel zum Schutz. Ein solches Buch nannten die Römer *codex* (Klotz, Block).

Mit zunehmendem Wohlstand im Römischen Reich wuchs auch das Interesse an lateinischer Literatur. Verleger und Buchhändler betrieben die Vervielfältigung und den Verkauf der Bücher als Geschäft. Sie hatten eine Reihe von Schreibern, meist Sklaven, denen die Texte diktiert wurden. Die Bücher wurden in Buchläden *(tabernae librariae)* verkauft. Die Dichter *Ovid* und *Martial* erwähnen in ihren Gedichten stolz, dass ihre Werke überall in der Welt gekauft und gelesen werden. Viel Geld konnten die Autoren mit ihren Büchern allerdings nicht verdienen; sie mussten entweder selber wohlhabende Leute sein oder sie waren auf die Unterstützung eines „Mäzens“ angewiesen. Der reiche Römer *Maecenas*, ein Freund des Kaisers Augustus, liebte die Literatur und förderte die Dichter. Sein Name bezeichnet auch heute noch jemanden, der Künstler aus privaten Mitteln unterstützt.

Außer einigen schwer lesbaren Papyrusfragmenten sind keine originalen Handschriften aus der Antike erhalten. Überliefert sind nur Abschriften, die – meist in Schreibstuben der Klöster – in späteren Jahrhunderten hergestellt wurden. Aber auch diese Handschriften können Ungeübte nur mit Mühe lesen. Die Römer schrieben nämlich „ohne Punkt und Komma"; sie trennten nicht einmal die Wörter durch Zwischenräume und benutzten Abkürzungen für häufig vorkommende Endungen. Wer ein Buch las, musste den Text langsam und laut vor sich hin sprechen, um ihn – oft erst nach mehrmaligem Anlauf – verstehen zu können.

Lectio Quarta Decima

A De rege et fabulatore[1] suo

Rex magnus potensque fabulatorem[1] habuit, qui ei omnibus noctibus quinque fabulas narrare consueverat. Quae fabulae multo meliores erant fabulis aliorum fabulatorum[1], ut rex eum pluribus praemiis afficeret quam peiores fabulatores[1]. Quo enim meliores fabulae erant, eo maiora praemia fabulatores[1] a rege accipere solebant.
Nocte quadam rex, cum curis maximis commotus dormire non posset, quam plurimas fabulas audire cupivit; cum ille ad solitum numerum

Phantastische Landschaft. Ausschnitt aus einem Mosaik in Praeneste, heute Palestrina, östlich von Rom.

complures breviores fabulas addidisset, rex tamen eum plures narrare iussit. Ille autem se iam plurimas optimasque fabulas narravisse respondit. Ad haec rex „Multas“, inquit, „sed brevissimas narravisti. Ea autem longe optima fabula est, quae plurimis ex verbis constat. Tali fabula narrata te dormire sinam.“

Fabulator[1], cum haec audivisset, sic narrare coepit: „Agricola, cui mille aurei[2] erant, in oppidum proximum migravit, ut duo milia ovium emeret. Quas cum domum ageret, fluvius minor, quem mane sine labore transierat, imbribus[3] maximis auctus erat. Cum aquam neque ponte neque vado[4] transire posset, abiit, ut navem quaereret. Tandem navem minimam repperit, quae duas tantum oves una cum agricola ferre potuit. Igitur duabus ovibus in navem impositis aquam transiit.“ His verbis dictis fabulator[1] somno se dedit. Rex autem eum excitavit et „Omnium fabulatorum[1] pessimus es“, inquit; „fabula non finita te dormire veto.“ Tum fabulator[1]: „Fluctus ille maximus est, navis autem minima; et numerus ovium maior est, quam ut brevi transportari possint. In ovibus transportandis plurimum tempus consumetur; plus igitur somni me capere permitte, dum agricola noster omnes oves transportet.“

1 fābulātor, -ōris m.: Erzähler 2 aureus: Goldstück 3 imber, -bris m.: Regen
4 vadum: Furt

B –

C 1 *Überlege, welche in A enthaltenen Superlative die Höchststufe bezeichnen und welche als Heraushebung (Elativ) angesehen werden können.*

C 2 *Nicht zu allen Komparativen in A ist eine verglichene Größe angegeben. Stelle diese Komparative zusammen und versuche herauszufinden, welche Vergleichsebene gemeint ist.*

C 3 *Stelle aus A die Wortwiederholungen (Rekurrenzen) und Gegenüberstellungen zusammen und überlege, welche Erzählfunktion sie haben.*

D multum *und noch mehr*

Übersetze: 1. maior multitudo 2. plus doloris 3. a maioribus castris 4. plus tribus horis 5. dies complures 6. multo plus 7. quam maximis (potest) itineribus 8. maiori parti 9. complures annos 10. quam maximum numerum 11. pro castris minoribus 12. multum temporis 13. maximo clamore 14. ex reliquis Gallis complures 15. plures menses 16. compluribus annis post 17. pluribus diebus consumptis.

E Hanno cum Thrasymacho e bello reverso colloquitur

Hanno: „Olim Mercurio similis abieras. Nunc vero Vulcanus nobis redisti."

Thrasymachus: „Spes maxima praedae divitissimae fortem me fecerat. Sic autem e bello rediri solet. Vulnere graviore accepto nunc claudico[1]."

Hanno: „Nonne multum refers praedae?"

Thrasymachus: „Minime; zona[2] mea vacua est."

Hanno: „Eo minor tua sarcina[3] est."

Thrasymachus: „Sed plus ibi scelerum vidi et commisi quam umquam antea in omni vita."

Hanno: „Num tibi placet vita militaris?"

Thrasymachus: „Nihil peius est vita militari."

Hanno: „Sed narra nobis, quo modo gestum sit proelium!"

Thrasymachus: „Quo maior erat strepitus[4] cornuum, tumultus equorum, clamor virorum, eo minus videre poteram."

Hanno: „Quo modo igitur fit, ut plurimi, qui e bello revertuntur, omnia narrare possint, quasi ubique adfuissent? Plura referre solent, quam in bello maximo fieri possunt."

Thrasymachus: „Ego quidem omnes malos milites quam plurimum mentiri solere credo. Quid in tentorio[5] meo factum sit, non ignoro. Quid autem in proelio gestum sit, minime scio."

Hanno: „Hocne quidem scis, quo modo isto vulnere graviore affectus sis?"

Thrasymachus: „Arbitror aut saxo aut equi calce[6] fractum esse pedem."

Hanno: „Minime quidem; cum fugeres timore maximo affectus, lapsus offendisti lapidem. Abi nunc domum et uxori narra tuas victorias!"

Thrasymachus: „Illa carmina pulcherrima mihi canet, quod vacua cum zona[2] redeo."

Hanno: „Miles optimus es. Iustum est, ut id, quod male partum est, male pereat."

Thrasymachus: „Omnia, quae in bello committuntur, feci; nam iure fit, quod ibi fit."

Hanno: „At istud ius summa est iniuria. Te non patriae amor, sed praedae spes traxit in bellum."

Thrasymachus: „Confiteor et arbitror paucos eo ire sanctiore proposito[7]."

1 claudicāre: hinken 2 zōna: Geldgürtel 3 sarcina: Gepäck 4 strepitus, -ūs m.: Getöse 5 tentōrium: Zelt 6 calx, calcis f.: Huf 7 prōpositum: Vorsatz

Untersuche die Gesprächsentwicklung: Welches Stichwort entnimmt der jeweilige Sprecher der Aussage seines Gesprächspartners und wie verfährt er damit?

S **Der antike Unterhaltungsroman.** Wohl alle Menschen möchten sich gelegentlich in eine andere, erdichtete Welt versetzen lassen, in der sie, wie der König in der eben gelesenen *fabula*, ihre Sorgen vergessen können.

Die Griechen erzählten ihre ältesten Geschichten in Gedichtform (Epos); die *Ilias* und die *Odyssee* sind in Versen geschrieben. In Prosa, also in „normaler" Redeweise, verfasste man wissenschaftliche oder historische Abhandlungen, die eher der Belehrung als der Unterhaltung dienen sollten. Aber schon der griechische Historiker *Herodot* (gest. 425 v. Chr.), dessen Geschichte der Ägypter, Perser und Griechen erhalten ist, flocht häufig Erzählungen von interessanten Menschen oder merkwürdigen Vorkommnissen ein.

Die große Zeit des griechischen Prosa-Romans begann nach dem Alexanderzug. Reise- und Abenteuerromane führten die Leser in fremde, phantastische Gegenden, ließen sie mit den Romanhelden und -heldinnen bangen, wenn Feinde, Räuber, wilde Tiere und andere Gefahren drohten. Lange bevor Jules Verne in seinen Romanen Menschen zum Mond fliegen ließ, las man bei dem Schriftsteller *Lukian* (geb. 120 n. Chr.) von unglaublichen Geschehnissen: Ein Wirbelsturm reißt ein Schiff in die Lüfte, es landet auf dem Mond. Dort sehen die Reisenden seltsame Dinge: Menschen, die wie Früchte auf Bäumen wachsen, sich von fliegenden Fröschen ernähren, gläserne Kleider tragen und sogar ihre Augen zur Schonung aus dem Kopf nehmen können. Die Mondbewohner führen gerade Krieg mit den Sonnenbewohnern um den Besitz des Morgensterns. Ein von Riesenspinnen gewebtes Netz ist der Kampfplatz. Als das Schiff der Mondfahrer wieder auf die Erde zurückkehrt, wird es von einem riesigen Wal verschlungen – allerdings ohne Schaden für die Reisenden. Die können aussteigen, spazieren gehen und sich die Landschaft im Bauch des Fisches ansehen. Lukian nannte seine Erzählungen „Wahre Geschichten". Wahrscheinlich wollte er sich über die vielen Abenteuer- und Reiseromane lustig machen.

Auch Liebesromane, in denen ein junges, verliebtes Paar durch allerlei widrige Umstände getrennt wird und erst nach vielen Abenteuern und Gefahren wieder zueinander findet, fesselten die Leser. Die Grenze zwischen Roman und Märchen wird hier oft überschritten; Hexen, Zauberer, magische Ringe oder Zauberkräuter spielen eine wichtige Rolle.

So auch in dem wohl berühmtesten lateinischen Roman des Altertums, dem „Goldenen Esel". Er erzählt von einem jungen Mann, der leichtsinnig die Zaubersalbe einer Hexe ausprobiert und dadurch in einen Esel verwandelt wird. Menschliche Gestalt kann er nur durch den Genuss von Rosen wiedererlangen. Bis ihm dies endlich gelingt, gerät das Langohr mit menschlichem Bewusstsein in die Hände vieler Besitzer, muss manche Leiden ertragen und erlebt traurige, aber auch komische Abenteuer.

Lectio Quinta Decima

A De gallo et vulpecula

Gallus, cum cautus et diligens esset, meridie caute et diligenter gallinas[1] in arborem altiorem ducebat, ne a vulpecula atrociter raperentur. Quae cum fame vehementiore incitata arbori prudenter appropinquavisset, multo blandius et dulcius, quam solita erat, gallum salutavit et „Nonne audivisti“, inquit, „hodie omnia animalia concilium habuisse, in quo pacem perpetuam inter se firmaverunt? Omni sublato timore nullae iam insidiae aut iniuriae fiant, sed omnia secure pace et concordia delectentur! Descendite statim securi, ut hunc diem festum agamus!“

Facile se gallo persuasuram esse, ut una cum gallinis[1] de arbore descenderet, arbitrabatur. Gallus autem blandioribus eius verbis auditis cautior factus secum dixit: „Cum vulpecula ista cautius agam, quam cum aliis animalibus agere consuevi. Dolum dolo vincam.“ Et ad vulpeculam versus callidissime „Bonum“, inquit, „nuntium affers. Si pax inter omnia animalia fit, bene est.“ Simul prudenter collum altius extendens, tamquam longius prospicere vellet, in pedes se erexit.

Tum vulpecula anxie interrogavit, quid conspiceret. „Duos canes celerrime appropinquantes“, gallus respondit. His verbis auditis vulpecula timida „Valete!“, inquit, „fugiam, priusquam illi aderunt.“ Et simul celeriter coepit abire. Tum gallus: „Cur tam timide fugis? Si pax constituta est, fortiter adventum canum exspecta!“ Vulpecula autem: „Libenter manerem; sed nescio, canesne illi pacem constitutam esse iam audiverint.“

1 gallīna: Huhn

B Geflügelte Worte

1. Citius, altius, fortius! 2. Ubi bene, ibi patria. 3. Quídquid[1] agís, prudénter agás, et réspice fínem! 4. Vasa vacua maxime sonant. 5. Bis[2] dat, qui cito dat. 6. Plenus venter non studet libenter. 7. Fortiter in re, suaviter[3] in modo. 8. Nihil agendo homines male agere discunt. 9. Nihil est annis velocius[4]. 10. De mortuis nil[5] nisi bene.

1 quidquid: was immer 2 bis (Adv.): zweimal 3 suāvis, e: freundlich, verbindlich 4 vēlōx, (Gen.) vēlōcis: schnell 5 nīl = nihil.

C *Jeder Satz von B enthält mindestens eine sprachlich-stilistische Besonderheit. Nenne sie und beschreibe ihre inhaltliche Wirkung.*

D *Nenne das Adjektiv zu:* caute; diligenter; audacter; secure; male; facile; prudenter; bene; celeriter; fortiter; atrociter; timide; vehementer.

E De sancto Georgio et dracone[1]

Georgius tribunus[2] cum in provincia Libya stipendia mereret, quodam die per ripam lacus immensi equitabat. Iam oppido ad eum lacum sito appropinquabat, cum subito ad oppidi portam virginem pulcherrimam conspexit, quae valido vinculo cum ove coniuncta ad lacum illum descendit. Vehementer flebat, et de muro pater eius fortunam suam sortemque filiae multis cum lacrimis querebatur.

Der heilige Georg kämpft mit dem Drachen. Tafelbild vom Außenflügel eines Altars.

Georgius statim de equo descendit eamque interrogavit, qua de causa cum ove coniuncta esset et cur tam maesta incederet[3]. Tum illa: „In isto lacu draco[1] saevus habitat. Fortissimus quisque incolarum frustra draconem[1] illum vincere conatus est; unum quemque eorum draco[1] crudeliter oppressit devoravitque. Itaque incolae multos iam per menses cottidie illi ovem atque puerum aut puellam dant, ne saeve crudeliterque oppidum aggrediatur. Hodie ego ad mortem mittor. Ecce pater meus, rex huius civitatis, de muro sortem meam miseram queritur. – Tu autem, adulescens fortissime, ne male eveniat tibi, fuge quam celerrime! Non enim est dubium, quin ille draco[1] te pariter necet.“ Georgius autem: „Militi bono turpius est fugere quam mori. Bene accidit, ut hoc ipso die in hanc regionem pervenerim. Noli timere! In Christi nomine fortiter tibi adero.“

Dum haec inter se loquuntur, draco[1] caput e lacu tollit. Tum puella territa „Fuge celeriter!“ clamat. Georgius autem equum conscendit, et cum se signo crucis munivisset, draconem[1] appropinquantem fortiter et audacter aggreditur. Deo se commendans hastam conicit, draconem[1] graviter vulnerat, ad terram proicit. Tum virgini: „Circumda zonam[4] tuam collo draconis[1] nihil verita, filia!“ Quo facto draco[1] sequebatur eam sicut mansuetissimus[5] canis. Cum eum laeti in oppidum ducerent, incolae timide fugerunt. Georgius autem „Nolite, amici, timere!“, inquit; „ad hoc enim Dominus me misit ad vos, ut vos dracone[1] liberarem.“

1 dracō, -ōnis m.: Drache 2 tribūnus: Tribun (Offizier) 3 incēdere: einherziehen 4 zōna: Gürtel 5 mānsuētus: zahm

S Geflügelte Worte. Wie in jeder Sprache gibt es auch im Lateinischen viele sprichwörtliche Redensarten, die Erfahrungen festhalten, Wissen vermitteln oder sagen, wie man sich verhalten soll. Die Römer schätzten knappe, prägnante Formulierungen. *In dubio pro reo – Im Zweifel für den Angeklagten:* Wenn die Schuld nicht zweifelsfrei festgestellt werden kann, darf ein Angeklagter nicht verurteilt werden. Das ist noch heute ein Rechtsgrundsatz. Aus der Rechtspraxis stammt auch *Cui bono? – Wem zum Vorteil?* Wenn man nicht weiß, wer eine Untat begangen hat, fragt man: Wem nützt sie?

Der Dichter Horaz (65–8 v. Chr.) hat die Formel geprägt *Sapere aude – Wage es, klug zu sein.* Sie wurde 1800 Jahre später in Deutschland zum Leitspruch der Aufklärung: Wage es, deinen eigenen Verstand zu gebrauchen. Von den Griechen übernommen haben die Römer die Aufforderung *Nosce te ipsum – Erkenne dich selbst.* Der Mensch soll seine Kräfte und Möglichkeiten, aber auch seine Grenzen kennen. *Was ist Wahrheit?* Diese skeptische Frage des Pontius Pilatus im Johannes-Evangelium lautet lateinisch *Quid est veritas?* Dass Irren menschlich ist, *errare humanum est,* klingt daneben fast banal.

Medicus curat, natura sanat. Diese Erfahrung haben in der Antike sicher noch mehr Kranke gemacht als heute. Der Rat, den Augenblick zu genießen, *carpe*

diem (wörtl.: *Pflücke den Tag*), wird heute oft als Aufforderung zu billigem Lebensgenuss missverstanden. Einen dummen Schwätzer, der sich durch sein Gerede selbst entlarvt, meint der ironische Satz *Si tacuisses, philosophus mansisses – Wenn du geschwiegen hättest, wärest du ein Philosoph geblieben* (d.h., hätte man dich weiter für einen klugen Kopf gehalten).
Sammlungen sprichwörtlicher Redensarten hat es schon in der Antike gegeben. In der Neuzeit hat der humanistische Gelehrte Erasmus von Rotterdam (1465–1536) nicht weniger als 5000 lateinische Spruchweisheiten in einem Werk veröffentlicht, das viele geflügelte Worte der Römer in Europa bekannt gemacht hat.

Lectio Sexta Decima

A Navis oneraria[1] a piratis capitur

Navis oneraria[1] in mari alto cursum in Africam tenebat, cum subito gubernator[2] clamavit: „Vela facere[3] et properare debemus. Quam celerrime portus nobis capiendus est; nam navis illa parva, quae post nos apparuit, piratarum navis videtur esse. Qua de causa properandum nobis est, ne a piratis capiamur."
His verbis auditis alii omnia ad piratas arcendos paranda esse censuerunt, alii navem piratarum esse negaverunt. In hac controversia non animadverterunt omnem vim venti, ut meridie consuevit, cecidisse. Mare tranquillum erat, et illa navis parva remis[4] incitata opinione celerius appropinquabat. Paulo post non iam erat dubitandum, quin piratae essent.

Münze, die Pompejus darstellt und an seinen Sieg über die Seeräuber erinnert. Der Dreizack und die Aufschrift NEPTUNI stellen einen Bezug zwischen Pompejus und dem Meeresgott her.

Alii pugnandi causa arma capienda, alii fugiendi causa naviculam[5] conscendendam esse clamabant. Piratae, cum quam proxime appropinquavissent, eos navem relinquere et illa navicula[5] se servare iusserunt. Tum gubernator[2]: „Navis mihi neque relinquenda neque piratis tradenda est, cum salus hominum mercesque mihi commissae sint.“ Quo audito audacissimus piratarum clamavit: „Non verbis, sed gladio victoria parienda est.“ Deinde in navem onerariam[1] transiluit et gladio eum interfecit. Tum mercator, cuius navis erat, navem piratis diripiendam dedit, ne omnibus moriendum esset.
Piratae cum nave oneraria[1] se in latebras suas receperunt. Ibi praedam inter se diviserunt et captivos vendendos curaverunt paucis tantum exceptis; quos propinquis magno pretio redimendos dixerunt.

1 onerārius: Last- 2 gubernātor, -ōris m.: Steuermann 3 vēla facere: Segel setzen 4 rēmus: Ruder; Riemen 5 nāvicula: Rettungsboot

B –

C *In welchen Kasus drückt eine* nd-*Form aus, dass etwas geschehen muss bzw. nicht geschehen darf?*

D *Infinitiv*, nd-*Form* oder *Partizip?*

Übersetze: 1. navem piratis capiendam 2. nave a piratis capta 3. piratis navem capientibus 4. in navibus capiendis 5. in navibus captis 6. navis piratis capienda erit 7. navibus captis 8. navis capienda non est 9. piratas navem celerius capturos esse 10. de nave capienda 11. navis capiendae causa 12. navem captam esse 13. ad navem capiendam 14. nave capta 15. piratas naves capturos esse 16. spem navium capiendarum 17. naves non capiendas 18. naves captas esse 19. naves piratis capiendae non essent 20. navis piratis capienda est.

E Quo modo Caesar piratas ultus sit

Caesar adulescens hieme Rhodum traicere constituit, ut apud clarissimum eius temporis magistrum artem dicendi disceret. Haec ars ei discenda erat, quod rem publicam capessere[1] constituerat. Durissimo autem anni tempore sibi navigandum esse existimavit, quod piratas, qui ubique in mari Interno praedandi causa versarentur, eo tempore anni in latebris suis mansuros esse sperabat. Piratae autem, cum adulescentem nobilem Rhodum profectum esse audivissent, eam occasionem sibi non esse praetermittendam arbitrati navem eius ceperunt.
Quadraginta fere dies Caesar in potestate eorum retinebatur, dum ii,

quos ad pecunias cogendas ad amicos suos dimiserat, reverterentur. Deinde solutis quinquaginta talentis[2] in litore expositus est. Piratas persequendos et puniendos esse arbitratus quam celerrime Miletum profectus est et proconsulem[3] adiit. Qui Caesari adulescenti classem in piratas ducendam dedit. Caesar, cum piratas cepisset, nemini eorum parcendum esse censuit; ad unum omnes supplicio afficiendos curavit.

1 rem pūblicam capessere: die politische Laufbahn einschlagen 2 talentum: Talent (26,2 kg Silber) 3 prōcōnsul, -sulis m.: Prokonsul; Statthalter

Stelle die Aussagen zusammen, die Caesar charakterisieren. Untersuche, durch welche sprachlichen Mittel diese Stellen hervorgehoben werden.

S **Handel.** Seit ältesten Zeiten gab es im Mittelmeerraum einen regen Handelsverkehr. Das Risiko für die Kaufleute war freilich immer groß: Nur selten waren die Transportwege zu Lande und zu Wasser sicher. Eine besondere Plage der Handelsschifffahrt war die Seeräuberei. Im 1. Jahrh. v. Chr. gelang es den Piraten zeitweilig, das gesamte Mittelmeer unter ihre Kontrolle zu bringen und Handelsfahrten nahezu unmöglich zu machen. Der römische Staat griff ein. Es wurden regelrechte Kriege geführt um das Piratenunwesen zu beseitigen. 1300 Piratenschiffe wurden damals verbrannt, 300 im Kampf erobert.

In der Kaiserzeit nahmen die zum Römischen Reich gehörenden Gebiete einen großen wirtschaftlichen Aufschwung. Die *pax Romana* förderte ungestörte Handelsbeziehungen im ganzen *imperium Romanum*. Die aufstrebenden Provinzen trieben nicht mehr nur mit dem zentralen Italien Handel, sondern auch untereinander. Das *imperium Romanum* entwickelte sich im 1. und 2. Jahrh. n. Chr. zu einem geschlossenen und sich selbst versorgenden Wirtschaftsgebiet. Handelsverbindungen bestanden bis nach Arabien, Indien und China. Nordafrika oder Ägypten exportierten Getreide, Metalle kamen von der iberischen Halbinsel, Luxusartikel aus Italien, Griechenland

Merkur, der Gott des Handels.
Bronzestatuette aus dem Römerfund von Weißenburg (1979).

oder dem Orient, Töpferwaren und Glas aus Gallien und dem Rheinland, exotische Tiere aus Afrika oder Asien, Leder und Pelze vom Nordrand des Reiches; die Randgebiete des Imperiums lieferten auch Sklaven.

Ein stabiles Währungs- und Münzsystem förderte den blühenden Handel. Die geprägte Münze war der wichtigste Gegenwert für die Waren. Es gab aber auch Ansätze zu bargeldlosem Zahlungsverkehr und für den Warentransport waren sogar Versicherungen möglich.

Der Lebensstandard stieg allgemein, vor allem in den größer werdenden Städten. Die Handwerker stellten sich darauf ein und belieferten die Verbraucher mit einer Vielzahl von Produkten. Die Lebensgewohnheiten der Menschen, die Ausstattung ihrer Wohnungen, ihre Gebrauchsgegenstände glichen einander im ganzen Imperium: Bei allen sozialen Unterschieden gab es eine einheitliche Zivilisation.

Das Ende des römischen Weltreiches bedeutete auch ein Ende des ausgebauten Wirtschaftssystems und der weit reichenden Handelsbeziehungen. Europa zerfiel in kleinräumige Handelsgebiete mit ländlicher Struktur. Auch die Naturalwirtschaft (Ware gegen Ware) kam zum Teil wieder auf.

Lectio Septima Decima

A De Sicilia

Omnium provinciarum, quae imperio Romano erant usui, Sicilia plurimis iustissimisque de causis erat princeps. Prima omnium provincia est nominata, prima docuit Romanos, quam praeclarum esset alienis gentibus imperare. Omnes eae civitates eius insulae, quae semel in amicitiam Romanorum venissent, saluti populi Romani consuluerunt. Quando enim Sicilia id frumentum, quod deberet, non ad diem dedit? Quando id, quod imperaretur, non fecit? Quotannis a Romanis etiam in Siciliam mittebantur magistratus, qui incolis consulerent et provinciam fidam quam optime administrarent. Et nemo erat, quin id officium viri vere Romani libenter susciperet.

Nonnumquam autem etiam in Siciliam magistratus Romani mittebantur, qui non erant idonei, qui hanc provinciam administrarent. Sed incolae Siciliae, qui perferre non possent crudelitatem atque avaritiam nonnullorum magistratuum Romanorum, tamen animo non defecerunt. Dignos enim se esse crediderunt, quibus Romani auxilium ferrent. Et Romani non erant ii, qui incolas provinciae iniuriis affici paterentur.

B –

Concordia-Tempel in Agrigent (Sizilien).

C 1 *Bestimme die Art der gedanklichen Fügung, die in den Relativsätzen in A durch den Konjunktiv ausgedrückt ist.*

C 2 *Stelle aus A die Aussagen zusammen, die für das Selbstverständnis der Römer charakteristisch sind.*

D 1 posse, possidere *oder* potiri? prodere *oder* prodesse?
Ordne die Formen je einem dieser Verben zu und übersetze sie dann: possum; potitus sum; potitus ero; potero; potuero; posset; prodesset; proderet; possideret; possideat; possederit; potuisset; potieris; potiris; potire; potiremini; possidet; prodest; prodet; poterat; profuerit; potestis; potestas; poteratis; potestatis; proderatis; prodideratis.

D 2 Substantive auf -tūdō *sind Begriffe (Abstrakta) und nennen eine Eigenschaft:*
pulcher: *schön* – pulchritudo: *Schönheit.*
Erkläre ebenso: altitudo; longitudo; magnitudo; multitudo; solitudo.

E Quaestor Romanus in provincia versatur

Verres, quaestor Romanus, iussu Cn. Dolabellae, qui provinciam Ciliciam administrabat, Lampsacum venerat; ab hospite quodam hospitaliter receptus statim a Rubrio, comite suo improbo, petiverat, ut virginem aut mulierem investigaret, quae se Lampsaci diutius retineret. Rubrius, qui dignus erat, cui tale officium committeretur, Philodami filiam, quae cum patre habitaret, virginem magna pulchritudine esse ei rettulit. Homo, qui ipse[1] ne vidisset quidem illam, tamen statim ad Philodamum migrare voluit. Sed hospes, qui nihil vereretur, hominem summa vi retinere coepit. Ille, qui hospitis relinquendi causam reperire non posset, Rubrium ad Philodamum duci iussit.

Quod ubi est Philodamo nuntiatum, quamquam ignorabat, quantum mali sibi et filiae suae iam constitueretur, tamen ei ostendit officium illud suum non esse. „Non enim“, inquit, „is sum, qui comites recipere soleat, sed praetores et consules.“

Verres, qui una cupiditate raperetur, illius verba neglexit, per vim Rubrium ad eum ducendum esse dixit. Philodamus, qui semper amicus Romanorum fuisset, tandem Rubrium hospitaliter domo sua recepit. Convivium comparat et Rubrium rogat, ut invitet eos, quos invitare velit. Itaque Rubrius Verrem eiusque comites invitat. Opinione celerius omnes veniunt. Fit sermo inter eos, bibitur poculis[2] maioribus. Et brevi tempore post Rubrius „Quaeso“, inquit, „Philodame, cur filiam tuam ad nos vocari non iubes?“ Homo, qui summa gravitate esset, territus est hominis improbi verbis. Negavit morem esse Graecorum, ut convivio virorum interessent mulieres. Clamor undique tollitur. Philodamus Verrem filiae vim afferre velle animadvertit servosque suos ad se vocat. Manibus primo res geritur, deinde gladiis. Philodamus vulneratur, comes quidem Verris nomine Cornelius a Philodami servis interficitur.

In ius vocatus[3] capitis damnatus est Philodamus, qui civem Romanum interfecisset. Lampsacenorum autem nemo fuit, quin Philodamum iniuste damnatum esse arbitraretur.

1 ipse: selbst; persönlich 2 pōculum: Becher 3 in iūs vocāre: vor Gericht laden

S **Reisen, Gastfreundschaft.** Ein römischer Beamter, der im Auftrag des Staates im Römischen Reich unterwegs war, hatte es bequem. Die Gemeinden, in die er auf der Durchreise kam, mussten ihn als Gast aufnehmen und versorgen. Für andere Menschen in der Antike war Reisen meist ein beschwerliches und oft auch gefährliches Abenteuer. Erst in den Jahrhunderten nach Christi Geburt boten Frieden und Sicherheit des *imperium Romanum* die Gewähr

Römischer Reisewagen. Grabrelief aus Maria Saal (Kärnten), um 150 n. Chr.

dafür, dass man sich unbesorgt auf Reisen begeben konnte. Ein Netz von gepflasterten Fernstraßen erstreckte sich von der Atlantikküste bis zur Arabischen Wüste. Römische Beamte, *curatores*, sorgten für den guten Zustand der Straßen, Militärposten für die Sicherheit der Reisenden. Meilensteine nannten die Entfernungen zu den nächsten Orten.

Fahrzeug für eine längere Reise mit Gepäck war die von Pferden oder Maultieren gezogene *raeda*, ein vierrädriger offener Wagen, oder die *carruca dormitoria*, ein geschlossener Kastenwagen, in dem die Reisenden sogar übernachten konnten. Denn eine Reise dauerte oft wochenlang, und die Gasthäuser, *mansiones*, waren – wenigstens in abgelegenen Gegenden – nicht immer empfehlenswert. Römische Reisende berichten über Schmutz, schlechtes Essen, betrügerische Wirte und Diebesgesindel, das sich in solchen Häusern herumtrieb. In den Städten wurden die Gasthäuser meist von der Stadtverwaltung überwacht. Die Wirte waren angehalten, saubere Zimmer und vor allem feste Preise für Übernachtung und Essen zu bieten, wie wir aus gefundenen Preislisten wissen.

Wer es konnte, teilte jedoch seine Reisestrecken so ein, dass er abends von Freunden aufgenommen wurde. Gastfreundschaft, *hospitium*, war hoch geschätzt. Das Wort *hospes*, Gastfreund/Gastgeber, bezeichnet im Lateinischen ein noch engeres Freundesverhältnis als das Wort *amicus*. Umso schändlicher musste den Römern das Verhalten des Quaestors Verres gegenüber seinem Gastgeber erscheinen.

Lectio Duodevicesima

A C. Plinius de convivio narrat

Paucos ante dies cenavi apud hominem quendam sordidum[1] et sumptuosum[2]. Sibi enim ipsi et paucis aliis cibos pretiosos et optimos, ceteris, qui eidem cenae intererant, viles et peiores ponebat. Vinum etiam, quod in eadem cena convivis offerebatur, non erat omnibus idem; sed aliud sibi ipsi et nobis, aliud minoribus amicis, aliud suis nostrisque libertis destinaverat[3], quamquam omnes eiusdem cenae convivae erant.

Id ipsum animadvertit is, qui in eodem lecto atque ego iacebat, et „Num probas?“ interrogavit. Negavi. Tum idem „Tu ipse“, inquit, „quam consuetudinem sequeris?“ – „Eadem atque mihi pono omnibus, quos ad eandem cenam invitavi.“ – „Etiamne libertis ipsis?“ – „Etiam iis; convivas enim tum, non libertos eos puto.“ – „Magno tibi constat.“ – „Minime.“ – „Quo modo id fieri potest?“ – „Quod liberti mei non idem, quod ego, edunt bibuntque, sed ego idem, quod liberti.“

1 sordidus: geizig 2 sūmptuōsus: verschwenderisch 3 dēstināre: bestimmen

B –

C *Ermittle und erläutere die Wortwiederholungen in A, Zeilen 4–8.*

D 1 idem *oder* ire?
Übersetze: eundem; euntem; eundo; eodem; eorundem; eundi; eunti; eam; eandem; earundem; is; iisdem; idem; īdem.

D 2 *Verbinde jeweils ein Pronomen mit einem passenden Substantiv und übersetze:*
1. ipso; ipsi; ipsius; ipsae; ipsa; ipsā; ipsum; ipsorum; ipsas.
2. quidam; quaedam; quadam; quodam; quoddam; cuidam; cuius; cuiusque; quemque; quendam; quoque; quorundam.

D 3 *Adjektive auf* -ōsus *sind von Substantiven abgeleitet. Der Ausgang* -ōsus *bedeutet: „reich an …“; „voll von …“; „versehen mit …“.*
Erkläre: pretiosus; periculosus; dolosus; numerosus; perniciosus; aquosus; copiosus.

E Legati Frisiorum Pompei theatrum visitant

Duodesexagesimo p. Chr. n. anno duo legati Frisiorum Romam venerunt; Neronem ipsum adire atque orare volebant, ut Frisiis in ipsa Rheni ripa considere et agros vacuos colere concederetur. Nero tum aliis in rebus occupatus erat; itaque ipse unum e ministris ad legatos misit, qui iis mirabilia aedificia urbis monstraret.

Omnibus barbaris, quibus magnificentia[1] urbis Romae demonstratur, eadem aedificia ostenduntur. Igitur Frisii quoque, postquam diu iam circumacti sunt, in Pompei theatrum ducti sunt, ut ibi magnitudinem Romanam admirarentur. Caveam[2] hominum plenam ingressi ducem interrogaverunt, ubi senatores, ubi equites, ubi plebs sedes suas haberent. Iam senatores in orchestra[3] sedere audiverant, cum subito inter senatores ipsos homines quosdam veste externa sedentes conspexerunt. Statim quaerebant: „Qui sunt isti? Cur isdem in sedibus atque senatores sedent?“ Tum dux „Is honor“, inquit, „legatis earum ipsarum gentium datur, quae fortitudine et amicitia Romana ceteras gentes superant.“ Tum Frisii „Nulli homines fortitudine aut fide Germanos superant!“ clamantes descendunt et inter senatores considunt. Quod cum ii, qui spectandi causa aderant, audivissent, plausu[4] magno legatos

Die *cavea* des römischen Theaters von Aspendos in der Türkei (erbaut um 160 n. Chr.). Links die Bühnenwand.

in orchestram[3] descendentes comitabantur dicentes: „Eiusdem impetus eorundemque morum maiores nostri fuerunt, qui rem publicam e minima fecerunt maximam.“
Nero civitate Romana eos donavit; Frisios agros ad Rhenum sitos, quos iam occupaverant, relinquere easdemque regiones, quas antea, habitare iussit.

1 magnificentia: Pracht 2 cavea: Zuschauerraum 3 orchēstra: Orchestra; Parkett 4 plausus, -ūs m.: Beifall

Römisches Steinrelief: Szene aus einer Komödie. Ein junger Mann kommt, auf einen Sklaven gestützt, von einem Trinkgelage nach Hause. Sein Vater erwartet ihn bereits.

S **Theater.** Das antike Theater ist eine Schöpfung der Athener; das gilt sowohl für die Theaterstücke als auch für die Theaterbauten. Einem Halbkreis von ansteigenden Zuschauerreihen stand die Bühne, *scaena* (vgl. „Szene“), gegenüber. Hinter der Bühne erhob sich eine hohe, säulengeschmückte Rückwand. Die Theaterbesucher saßen so zwar unter freiem Himmel, aber in einer Art Hohlraum, *cavea*, und konnten das auf der Bühne gesprochene oder gesungene Wort bis in die letzte Reihe deutlich verstehen. Vor der Bühne war ein runder Platz frei gelassen, die *orchestra*, „Tanzplatz". Hier bewegte sich singend oder sprechend der Chor, der zu jeder griechischen Tragödie und Komödie gehörte. Bei den Römern, die von den Griechen die Theaterarchitektur übernahmen, wurde die Orchestra dann zur Hälfte in den Zuschauerraum einbezogen („Parkett").

Römische Theater waren in früher Zeit noch nicht aus Stein, sondern aus Holz gebaut. In Rom ließ *Pompejus* 55 v. Chr. auf dem damals noch unbebauten Marsfeld das erste steinerne Theater errichten. Zwei weitere steinerne Theater entstanden unter Augustus.

Was wurde in diesen Theatern gespielt? Römische Zuschauer zeigten wenig Interesse an den alten klassischen Tragödien aus Athen. Die Komödie, also ein Spiel aus dem bürgerlichen Alltag, bei dem man lachen konnte und schlimmstenfalls um das Happy-End eines Liebespaares bangen musste, war eher nach ihrem Geschmack. *Plautus* (gest. 184 v. Chr.) und *Terenz* (gest. 159 v. Chr.) sind die bekanntesten lateinischen Komödiendichter. Ihre Werke lehnen sich an griechische Vorbilder an und spielen in Griechenland unter Griechen. Über deren Fehler und Schwächen zu lachen muss den Römern ein großes Vergnügen bereitet haben. Typische Komödienfiguren sind der Geizhals, der am Ende doch überlistet wird, der prahlerische Soldat *(miles gloriosus)*, der wegen seiner Angebereien verspottet wird, oder der leichtsinnige junge Mann aus „gutem Hause", der Vaters Geld mit Zechgelagen und Liebesabenteuern durchbringt. Oft spielt in der Komödie ein Sklave die Hauptrolle. Er ist pfiffiger und einfallsreicher als seine Herrschaft und schafft es mit Witz und List, die Verwicklungen der Handlung zum guten Ende zu führen.

Lectio Undevicesima

A De libidine magistratuum Romanorum

In oppidum quoddam Italiae consul venit comitante uxore. Eo cum venissent, uxor eius dixit se in balneis virorum lavari velle. Interrogata, cur non in balneis feminarum lavari vellet, eas minores et peiores esse dixit. Tum quaestori eius oppidi, M. Mario, datum est negotium, ut balneis expellerentur ei, qui lavabantur.

Uxor, cum lauta esset, apud virum questa est parum cito balneas sibi traditas esse et parum lautas fuisse. Iratus consul se eam rem ulturum esse uxori pollicitus est. Iussu eius palus[1] constitutus est in foro eoque adductus est suae civitatis nobilissimus homo, M. Marius. Vestibus detractis virgis caesus est.

In alio oppido cum eadem de causa praetor Romanus imperavisset, ut quaestores comprehenderentur, alter se de muro deiecit, alter comprehensus virgis tantopere verberabatur, ut denique moreretur.

1 pālus: Pfahl

B Vincentius Laurentiusque colloquuntur

Vincentius: „Visne certare saliendo?"
Laurentius: –
Vincentius: „Interrogo te, velisne certare saliendo."
Laurentius: „Cum paulo ante cenaverim, ludus iste mihi non placet."
Vincentius: „Quam ob rem?"
Laurentius: „Quod plenus venter gravat[1] corpus."
Vincentius: „Non iis, qui in paedagogio[2] cenaverint; eos enim statim post cenam fames vexat."
Laurentius: „Dic igitur, quod saliendi genus tibi placeat!"
Vincentius: „Incipiamus ab eo, quod est simplicissimum! Saliamus sicut locustae[3] vel ranae, utraque tibia[4], sed coniunctis pedibus! Huius ubi est satietas, aliud atque aliud genus experiemur."
Laurentius: „Equidem nullum repudio genus praeter id, quod geritur cum periculo tibiarum[4], cum nolim rem mihi esse cum chirurgis[5]."
Vincentius: „Hasta nixum salire est nobilissimum."
Laurentius: „Multo nobilius est certare currendo. Hoc loco incipiamus! Arbor illa alta sit finis!"
Vincentius: „Quod praemium victori dabitur?"
Laurentius: „Ei, qui vicerit, satis magnum praemium erit gloria ipsa."
Vincentius: „Ei potius, qui victus sit, dabitur praemium, ne nimis doleat."
Laurentius: „Sit igitur victo praemium, ut lappa[6] ornatus redeat in urbem!"
Vincentius: „Equidem non repudiabo, si tu anteibis tibia[4] canens."

1 gravāre: belasten 2 paedagōgium: Internat 3 lōcusta: Heuschrecke 4 tībia: Unterschenkel; Flöte 5 chīrūrgus: Chirurg 6 lappa: Klettenkranz

C1 *Bestimme, in welchem Zeitverhältnis die konjunktivischen Gliedsätze in A und B zum jeweils übergeordneten Satz stehen.*

C2 *Schreibe die folgende Tabelle in dein Heft und setze anhand von A und B die Tempora der konjunktivischen Gliedsätze ein. Versuche eine Regel zu finden.*

übergeordneter Satz	konjunktivischer Gliedsatz	
	vorzeitig	gleichzeitig
Präsens	~~~	~~~
Futur I	~~~	~~~
Imperfekt	~~~	~~~
Perfekt	~~~	~~~
Plusquamperfekt	~~~	~~~

D 1 *Bestimme:* comples; compleres; complures; compleri; complevi; completi; compleveritis; compleveratis; compleatis; completis.

D 2 regere *oder* rex? regnare *oder* regnum?
Übersetze: regi; rēgi; rexi; recti; regni; regno; rego; regio; regam; regem; rexeram; rexerim; rexissem; regeris; regēris; rēgis; regis; regnaris; regaris; regeres; reges; rēges.

E –

Griechischer Mischkrug, Kratér, um 510 v. Chr.: Szenen aus dem *gymnásion.*

S **Sport in der Antike.** Die ältesten Berichte über Sport bei den Griechen finden wir in den Epen Homers. Zu Ehren gefallener Helden wurden bei den Bestattungsfeiern Sportwettkämpfe ausgetragen. Die Wettkämpfer waren hervorragende Krieger, keine Berufsathleten. Sie maßen ihre Kräfte beim Wettlauf, Speer- und Diskuswerfen, Boxen, Ringen, Bogenschießen oder im Fechten mit Schwert und Schild. Der Sieger wurde mit einem Preis belohnt. Auch Wagenrennen werden bei Homer geschildert. Von Sportwettkämpfen zu Ehren eines Gastes, wie sie die Phäaken zu Ehren des Odysseus veranstalteten, berichtet die Odyssee.

Für die Griechen gehörte der Sport zur Schulbildung vor allem der Jungen. Das Wort *gymnásion* bezeichnet eine Stätte, wo man nackt (*gymnós*) Sport trieb. Auch aus militärischen Gründen legte man Wert auf sportliches Training der jungen Männer, denn in den griechischen Stadtstaaten war jeder Bürger wehrpflichtig und diente als *Hoplit*, als schwer bewaffneter Fußsoldat. In voller Rüstung zu marschieren, zu laufen und zu kämpfen erforderte athletisches Training. Eine große Zahl griechischer Vasenbilder zeigt Jungen und Männer beim Laufen mit voller Bewaffnung.

Solche athletischen Sportarten wurden von römischen Bürgern selten betrieben. Gymnastik, Ballspiel oder Schwimmen aber standen auch auf dem „Fitnessprogramm“ der Römer. Die großartigen Thermen- und Sportanlagen in jeder größeren römischen Stadt gaben den Römern Gelegenheit, ihren Körper gesund zu halten.

Der römische Philosoph *Seneca* wohnte im Urlaub einmal direkt über den Bade-, Sport- und Fitnessräumen und klagt: „Kraftmenschen üben hier im Hallenbad, schwingen ihre mit bleibesetzten Riemen bandagierten Fäuste, stoßen zischend den angehaltenen Atem aus und bringen sich in Schweiß – oder tun wenigstens so. Masseure klatschen mit den Händen auf die Schultern ihrer Opfer ... Wenn noch ein Ballspieler dazu kommt, der seine Ballschläge laut zählt, dann reicht es mir ... Stelle dir ferner das gewaltige Klatschen des Wassers vor, wenn einer ins Schwimmbecken springt.“ Kein Wunder, dass sich Seneca in seinen philosophischen Studien gestört fühlte.

Lectio Vicesima

A Quo modo Graeci libertatem recuperaverint

Carthaginiensibus victis Romani e laboribus se reficere non poterant; nam cum milites a Philippo, Macedonum rege, Carthaginiensibus auxilio missi apud Zamam una cum his contra Romanos pugnavissent, bello illum regem persequendum esse constituerunt. Triennio post ad Cynoscephalas in Thessalia sitas eum proelio vicerunt. Pacem se cum eo facturos esse dixerunt ea condicione, ut omnes Graecorum civitates, quae sub eius potestate erant, liberae fierent et suis legibus uterentur; monuerunt eum, ne sibi diutius resisteret, sed suo imperio pareret seque suum in regnum reciperet.

Olympia: Das Stadion, in dem die Wettläufe stattfanden. Im Vordergrund die Start- und Zielschwelle. Rechts die Fundamente der Tribüne für die Kampfrichter.

Cum tempus Isthmiorum adesset, Graeci undique Corinthum se contulerunt non modo, ut ludos spectarent, sed etiam, ut audirent, quid Romani de se constituissent. Omni multitudini persuasum erat Romanos Graecia non esse cessuros. Iam omnes ad spectaculum consederant, cum praeco[1], ut mos erat, mediam in arenam processit. Silentio facto pronuntiavit: „Senatus Romanus eas gentes, quae sub potestate Philippi regis fuerunt, liberas esse et suis legibus uti iubet.“ Audita eius voce maximum erat gaudium. Revocatus praeco[1], cum se quisque liberum esse ab eo iterum audire vellet, rursus pronuntiavit eos esse liberos. Tum tantus cum clamore plausus[2] est ortus, ut facile appareret nihil omnium bonorum eis gratius esse libertate.

1 praecō, -ōnis m.: Herold   2 plausus, -ūs m.: Beifall

B –

C 1 *Suche in A zu jedem Personalpronomen und zu jedem Possessivpronomen die gemeinte Person.*

C 2 *Stelle für jedes Personalpronomen und für jedes Possessivpronomen fest, ob es*

a) nicht reflexiv;
b) direkt reflexiv;
c) indirekt reflexiv verwendet ist.

C 3 *Worin unterscheidet sich bei diesen Pronomina der deutsche Sprachgebrauch vom lateinischen?*

C 4 *In welchem Zeitverhältnis zum übergeordneten Verb stehen die Infinitive, Partizipien und Konjunktive in A?*

D 1 *Bestimme die Art der Reflexivität und übersetze:*
1. de eius adventu 2. de suo adventu 3. se absente 4. sui fallendi causa 5. sui liberandi potestas 6. se suaque omnia 7. ut se circumsisterent 8. se invito 9. ne post se hostem relinqueret 10. ut sibi consulat 11. conantibus auxiliari suis 12. ut sibi militibusque parcat 13. recuperandorum suorum causa 14. quos sibi ad consilium capiendum elegerat 15. consilium nobis capiendum esse 16. legibus nobis utendum est.

D 2 *Substantiv oder Verb?*
Nenne die Grundform und übersetze: consule; consuli; consului; consilii; consulti; consulta; consularis; consuleris; consulēris; consulis; consules; consulas; consuleres.

E –

S **Die Olympischen Spiele.** Bei mehreren Heiligtümern Griechenlands feierte man zu Ehren der Götter Wettkämpfe: in Delphi die Pythischen Spiele zu Ehren Apollons oder auf dem Isthmos von Korinth die Isthmien. Die berühmteste Wettkampfstätte war jedoch das Heiligtum des Zeus von Olympia. Es liegt in der Landschaft Elis im Nordwesten der Peloponnes.
In der Antike nahm man an, dass die ersten Olympischen Spiele 776 v. Chr. stattgefunden hätten, und benutzte dieses Datum für die Zeitrechnung nach Olympiaden, die in vielen griechischen Stadtstaaten galt. Aber sicher sind die Spiele noch älter. Im Lauf der Zeit beteiligten sich nicht nur die Einwohner von Elis an den Wettkämpfen, sondern alle griechischen Staaten entsandten Athleten nach Olympia. Zur Zeit der Spiele und für die An- und Abreise der Teilnehmer herrschte ein allgemeiner Landfriede. So stärkten die Spiele bei den Griechen auch das Gefühl der Zusammengehörigkeit und das Bewusstsein, eine gemeinsame Kultur zu besitzen.
Die Olympischen Spiele fanden alle vier Jahre statt. Fünf Tage lang wurde um sportlichen Ruhm gekämpft. Sorgfältig bereiteten sich die Teilnehmer vor. Frauen waren nicht zugelassen. Das sportliche Programm umfasste seit 708 v. Chr. die fünf Disziplinen Weitsprung, (Kurzstrecken-)Lauf, Diskuswurf, Speerwurf und Ringkampf (*péntathlon* – Fünfkampf). Es wurde mit der Zeit erweitert, z. B. um Boxen und *pankrátion* (Catchen). Wagenrennen waren in Olympia von Anfang an üblich. Die Sieger bei den Wettkämpfen erhielten einen Kranz vom heiligen Ölbaum und wurden in ihrer Heimatstadt hoch geehrt und reich beschenkt. 393 n. Chr. wurden die Spiele von dem christlichen Kaiser Theodosius I. verboten.

Nach dem Vorbild der antiken Olympischen Spiele werden seit 1896 die „Olympischen Spiele neuer Zeitrechnung“ gefeiert. Sie finden an wechselnden Orten statt. Zum Programm gehören zahlreiche Sportarten, von denen der Zehnkampf nach Art und Vielseitigkeit am ehesten an den antiken Fünfkampf erinnert. Während der Spiele brennt das Olympische Feuer. Es wird im heiligen Bezirk des alten Olympia entzündet und zu den Wettkampfstätten gebracht.

Lectio Vicesima Prima

A De Veturia

Iamne audivistis	
Cn. Marcium Coriolanum	Cn. Marcius Coriolanus
a plebe damnatum,	a plebe damnatus,
cum Roma abisset,	cum Roma abisset,
Volscos, ut cum	Volscos, ut cum
Romanis bellarent,	Romanis bellarent,
incitavisse?	incitavit.

Ipse dux belli creatus magno exercitu coacto ad urbem contendit. Legatos sacerdotesque, qui, ut patriae suae parceret, orabant, superbe repudiavit. Quo minus spatii inter hostes et urbem fuit, eo maiore timore populus terrebatur. Tandem senatus Veturiae, matri illius, Volumniaeque uxori

imperavit,	imperavit:
ut duos parvos Marcii	„Duos parvos Marcii
filios secum ferrent et	filios ferte vobiscum!
in castra hostium irent	In castra hostium ite!
et, quoniam viri urbem	Quoniam viri urbem
armis defendere non	armis defendere non
possent, mulieres	possunt, vos, mulieres,
precibus lacrimisque eam	precibus lacrimisque eam
defenderent.	defendite!“

Ubi ad castra ventum Coriolanoque

nuntiatum est,	nuntiatum est:
adesse ingens mulierum	„Adest ingens mulierum
agmen.	agmen!“

Primo, cum neque a legatis neque a sacerdotibus motus esset, multo durior adversus lacrimas mulierum erat. Deinde familiarium quidam,

Veturia zwischen Volumnia und einem Enkel vor Coriolan.

qui in mulierum agmine cognoverat Veturiam inter nurum[1] nepotesque stantem,

nisi se deciperent (dixit) oculi, matrem ei uxoremque et liberos adesse.	„Nisi me decipiunt“, inquit, „oculi, mater tibi uxorque et liberi adsunt.“

Coriolanus prope amens sede sua relicta matrem complecti voluit, sed Veturia

dixit,	dixit:
priusquam complexum acciperet, scire se velle, utrum ad hostem an ad filium venisset – utrum captiva an mater in castris eius esset. Potuisse eum populari eam terram, quae eum genuisset atque aluisset?	„Priusquam complexum accipio, scire volo, utrum ad hostem an ad filium venerim – utrum captiva an mater in castris tuis sim. Potuisti populari hanc terram, quae te genuit atque aluit?

Se eum peperisse, sed
eum Romam oppugnare.
Filium se habere, qui
se liberam in libera
re publica mori non
sineret. De filiis videret,
quos, si pergeret,
aut immatura mors
aut longa servitus
maneret.

Ego te peperi, sed
tu Romam oppugnas.
Filium habeo, qui
me liberam in libera
re publica mori non
sinit. De filiis vide,
quos, si pergis,
aut immatura mors
aut longa servitus
manet!“

His verbis dictis cum uxor ac liberi eum complexi essent et magnus fletus mulierum ortus esset, durus Coriolani animus tandem fractus est. Suos dimisit, ab urbe castra movit.

1 nurus, -ūs f.: Schwiegertochter

B –

C 1 *Vergleiche in A die Hauptsätze der rechten Spalte mit den entsprechenden Formulierungen der linken Spalte.*

C 2 *Welches gemeinsame Kennzeichen haben in A alle Gliedsätze der linken Spalte?*

D *Die Vorsilbe* in- *bedeutet*
a) dasselbe wie die deutsche Vorsilbe un-: *Sie kehrt die Wortbedeutung ins Gegenteil um:*
maturus: *reif* – immaturus: ?
Erkläre ebenso: improbus; incredibilis; ignotus; immortalis; impius; incautus; infelix; inimicus; iniustus; inutilis; invictus;
b) hinein-; an-; auf-: imminere (minari); incitare; incendere; inferre; inire; investigare; invadere; invenire; imponere.

E –

S **Römisches Recht.** Die Ausgestaltung des Rechts und die Begründung einer hoch stehenden Rechtswissenschaft gehören zu den großen Leistungen der Römer.

Die älteste uns bekannte Gesetzessammlung Roms sind die „Zwölf Tafeln“ (*duodecim tabulae*) aus dem 5. Jahrh. v. Chr., die öffentlich aufgestellt waren. Das Zwölftafelrecht blieb für ein Jahrtausend grundlegend; nur behutsam wurden einzelne Vorschriften durch Gesetzgebung und veränderte Rechtspraxis ersetzt. Gesetze (*leges*) wurden von der Volksversammlung (*comitia*) oder der Versammlung der Plebejer beschlossen (*plebiscita*). Beschlüsse des Senats (*senatūs consulta*) konnten in der Kaiserzeit ebenfalls Gesetzeskraft erlangen.

Miniatur zum Thema „Diebstahl“ aus einer Pergamenthandschrift des Corpus iuris civilis aus dem 14. Jahrh. Der Dieb wird vor den Herrscher / Richter geführt.

Durch Rechtsunterricht, Abfassung von Lehrbüchern, Kommentierung der Gesetze und Sammlung schwieriger Rechtsfälle entstand in Rom eine schöpferische, das Recht fortentwickelnde Wissenschaft. Das römische Recht galt im ganzen *imperium Romanum.*
Jeder Prätor veröffentlichte zu Beginn seines Amtsjahres ein *edictum* (Verordnung; Erlass), in dem er mitteilte, nach welchen Grundsätzen er Rechtsstreitigkeiten zu richterlicher Entscheidung zulassen wollte. Im *Zivilprozess*, bei dem etwa Eigentumsfragen verhandelt wurden, gab es zunächst eine öffentliche Vorverhandlung vor dem Prätor. Er stellte fest, worum es in der Streitsache ging und ob die Klage nach dem Edikt zulässig war. Bei Zulässigkeit benannte der Prätor für die nun folgende zweite Verhandlungsrunde den Richter. Erst hier erfolgte das Urteil mit den Worten *condemno – ich verurteile –* oder *absolvo – ich spreche frei.* In dieser entscheidenden Verhandlung vertraten oft „Rechtsanwälte“ (*oratores*) ihre Mandanten. Es kam dabei nicht nur auf Sachverstand, sondern auch auf die Wirkung der Rede an. Der Richter war an das für einen Streitfall erstellte Gutachten eines anerkannten Juristen *(iuris consultus)* gebunden.
Der *Strafprozess* untersuchte Vorgänge, die die Ordnung der gesamten *res publica* bedrohten: Amtsmissbrauch, Bestechlichkeit, Hochverrat, Münzfälschung, Gewaltverbrechen. Einen Staatsanwalt gab es nicht; jeder Bürger konnte Anklage erheben. In der Kaiserzeit hatte der Kaiser die oberste Gerichtsgewalt inne.
Kaiser *Justinian* ließ 533 n. Chr. aus allen früheren Rechtsquellen (Sammlungen entschiedener Rechtsfälle, Gesetze und Rechtsgutachten) ein Gesetzeswerk schaffen: das *corpus iuris civilis.* Dieses galt als „gemeines Recht“ in großen Teilen Deutschlands bis zum Jahr 1900. Auch unser heutiges Bürgerliches Gesetzbuch (BGB) enthält sehr viele aus dem römischen Recht stammende Regelungen.

Lectio Vicesima Secunda

A De Dianae statua

Antiquis temporibus multas terras ad mare Internum sitas divitiarum plenas fuisse scimus. Etiam Sicilia insula olim rebus pretiosis completa fuisse dicitur. Illis temporibus Sicilia nondum Romanorum erat. Segesta est oppidum antiquum in Sicilia situm, quod ab Aenea e Troia fugiente conditum esse fertur. Quod oppidum, cum illa civitas cum Poenis bellum gereret, a Carthaginiensibus vi captum atque deletum esse narratur; quo bello confecto Poeni omnia, quae urbi ornamento esse possent, Carthaginem deportaverunt. Etiam statuam Dianae ex aere confectam Segesta Carthaginem translatam esse traditum est. Quae statua magnae pulchritudinis fuisse videtur. Carthaginienses non modo hominibus, sed etiam dis[1] immortalibus bellum indixisse videntur. Haec autem statua Carthaginem translata locum hominesque tantum mutaverat, religionem antiquam servabat. Nam propter magnam pulchritudinem etiam hostibus digna, quae magna cum pietate coleretur, videbatur.

Nonnullis saeculis post P. Scipio Carthagine capta sibi magnae curae fore, ut illa statua Segestanis redderetur, pollicitus est. Imperatoris enim Romani esse existimabat sociis amicisque adesse et, quae cuiusque civitatis fuissent, bello confecto reddere.

1 dīs = deīs

Der Tempel von Segesta auf Sizilien, erbaut um 420 v. Chr.

B –

C *In A steht das Hilfsverb* esse *in Verbindung mit verschiedenen Kasus. Stelle diese Verbindungen zusammen und bestimme die Funktion dieser Kasus.*

D 1 *Übersetze:* 1. id fieri posse 2. quam maximis (potest) itineribus 3. quam celerrime (potuit) 4. controversias minui posse 5. quo adire potuerant 6. quos retinere non potuerant 7. se pacem emere potuisse 8. populum Romanum imperare consuevisse 9. quod alio se consilio venisse meminerat.

D 2 *Substantive auf* -mentum *sind von Verben abgeleitet; sie bezeichnen das Mittel oder das Ergebnis eines Vorganges:*

ornare: *schmücken* – ornamentum?
monere: *erinnern; ermahnen* – monumentum?
frui: *genießen* – frumentum?
impedire: *hindern* – impedimentum?
torquere: *drehen; foltern* – tormentum?

Erkläre: Dokument; Firmament; Instrument; Moment; Regiment.

E De tauro aeneo[1]

Bello Punico tertio confecto P. Scipio non modo Segestanis, sed omnibus Siciliae civitatibus eas res, quae olim a Carthaginiensibus e Sicilia sublatae erant, reddere conatus est. Omnes igitur res, quae a Romanis in Carthagine capta repertae erant, conquiri iussit Siculisque reddi, quae cuiusque civitatis fuerant. Quibus in rebus etiam taurus ex aere confectus fuisse dicitur, qui olim Agrigentinorum fuerat.

Hunc taurum crudelissimus omnium tyrannorum, Phalaris, habuisse dicitur atque in eum supplicii causa homines demittere vivos solitus fuisse fertur. Flammis subiectis illi homines miseri in tauro inclusi crudelissimo modo interfecti esse dicuntur. Qua de causa hic taurus Agrigentinis semper magno terrori fuerat.

Quem taurum cum Scipio redderet Agrigentinis, dixisse dicitur aequum esse illos cogitare, utrum esset Siculis utilius suis servire tyrannis an populo Romano parere; nam idem esse monumentum et domesticae[2] crudelitatis et clementiae Romanae.

1 aēneus: aus Bronze; Bronze- 2 domesticus: heimisch; heimatlich

S **Griechenland und Rom.** Um 750 v. Chr. wanderten Griechen aus dem engen Mutterland aus und gründeten in der Folgezeit zahlreiche neue Siedlungen an den Küsten des Mittelmeers. Neapel, Tarent, Syrakus und andere Städte in Unteritalien und auf Sizilien sind Gründungen der Griechen; von hier aus ent-

Das griechische Theater in Taormina (Sizilien).

wickelten sich früh Kontakte zu den Römern. Gegen 240 v. Chr. waren diese Griechenstädte alle von Rom abhängig. Im 2. Jahrh. v. Chr., nach dem Sieg über Hannibal und Karthago, eroberten die Römer in mehreren Kriegen auch das Gebiet des griechischen Mutterlandes und des hellenisierten Ostens (im Vorderen Orient).

Die Provinzen in Westeuropa und Nordafrika wurden „romanisiert“, das heißt, sie übernahmen die römische Kultur und die lateinische Sprache. Die Eroberung Griechenlands wirkte eher umgekehrt. Die griechische Kultur: Dichtung, Malerei, Bildhauerkunst, Baukunst und vor allem Philosophie und Naturwissenschaft machte auf die Römer einen überwältigenden Eindruck. Die Römer lernten, oft begeistert, von den militärisch überwundenen Griechen. Der Dichter *Horaz*, ein durchaus selbstbewusster Römer, hat diese „Hellenisierung“ Roms so beschrieben (ep. II 1, 156f.):

Graécia cápta ferúm victórem cépit et ártes
íntulit ágrestí Latió …
(ferus: roh   agrestis, e: bäuerlich)

Für einen gebildeten Römer war es selbstverständlich, Griechisch zu können und die Literatur der Griechen zu kennen. Reiche Römer hatten in ihrem Haus griechische Sklaven oder Freigelassene als Lehrer, Gelehrte und Ärzte. Der römische Staatsmann, Redner und Philosoph *M. Tullius Cicero* (106–43 v. Chr.) schrieb nach griechischem Vorbild und nach Anregungen griechischer Philosophen über philosophische und religiöse Themen sowie über die Theorie der Rhetorik (Redekunst). Viele griechische Fachausdrücke, für die die Römer zuvor keine Wörter hatten, übertrug Cicero erstmalig ins Lateinische. Durch seine Sprachkunst wurde das ältere schlichte Latein zur Weltsprache der Wissenschaft, die es in Westeuropa bis zum Beginn der Neuzeit geblieben ist.

Lectio Vicesima Tertia

A De dolo militis[1]

Praelatus[2] quidam equum optimum habuit; quo viso frater eius, qui erat miles[1], toto animo cupiebat, ut eum haberet eoque uteretur in torneamentis[3]. Sed fratrem saepius precatus nullo modo permovere potuit, ut equum sibi daret. Ille enim ne partitis quidem temporibus se una cum fratre equo uti velle dicebat. Denique tristitia eius permotus ei concessit, ut tres dies illo equo uteretur.

Tum miles[1] accedens ad capellanum[4] praelati[2] diligenter interrogabat, quae verba frater in equitando diceret saepissime. Is autem non diu cunctatus „Praelatus[2]“, inquit, „in equitando nullum verbum saepius dicit quam illud: Domine, adiuva me!“ Quo audito miles[1] equum conscendit. Equitans autem iterum atque iterum dicebat: „Domine, adiuva me!“ equo vehementer calcaribus[5] incitato. Tribus diebus equum ita instruxit, ut, cum ea verba audivisset, calcaria[5] veritus magnos saltus[6] faceret et vix retineri posset.

Postridie praelatus[2] equitavit fratre comitante, ut finem spectaret. Et dicente praelato[2], ut solitus erat, „Domine, adiuva me!“ equus magnos saltus[6] fecit calcaria[5] timens. Quod cum saepius factum esset praelato[2] valde territo et paene deiecto, miles[1] „Frater carissime“, inquit, „iste equus non est idoneus, qui a te conscendatur. Tu enim persona gravis es, et, si forte caderes, graviter laedereris.“ Tum ille multa de saevitia equi questus dixit: „Antea hic equus bene me ferre solebat; nunc autem eum nulla causa data saevum factum esse intellego. Itaque tibi dono do, quamquam doleo, quod equum optimum amisi.“ Et simul descendens „Accipe eum“, inquit; „magis idoneus est militi[1] quam praelato[2]“ Miles[1] autem dolentem confirmavit et cum illo equo diu sibi optato domum contendit valde gavisus, quod fratrem dolo fefellerat.

1 mīles, -litis, m.: hier: Ritter 2 praelātus: Prälat 3 torneāmentum: Turnier
4 capellānus: Kaplan 5 calcar, calcāris n.: Sporn 6 saltus, -ūs m.: Sprung

B–E –

S **Latein und die europäischen Sprachen.** Westeuropa ist grundlegend von der lateinischen Sprache und Kultur geprägt. Spanien und Portugal, Frankreich, die Benelux-Länder, Großbritannien, ein Teil der Bundesrepublik Deutschland, die Schweiz, Österreich oder Rumänien und natürlich Italien selbst gehörten einst zum *imperium Romanum.* Im 5. Jahrh. n. Chr. zerfiel das Römische

Reich, doch in den früheren Provinzen blieb viel Gemeinsames erhalten. Latein, einst die verbindende Sprache, ist noch heute ein Schlüssel zum europäischen Wortschatz.
Ab 600 n.Chr. wird in Europa Latein weiterhin von Diplomaten, Gelehrten und Klerikern gesprochen und geschrieben; es bleibt als Schrift- und Literatursprache erhalten. Aus der Umgangssprache, dem Vulgärlatein (*vulgus* – Volk), entwickeln sich die sog. *romanischen Sprachen*: unterschiedliche Nationalsprachen, aber „Töchter" des Lateinischen, deren Verwandtschaft mit der „Mutter"-sprache deutlich erkennbar ist. Die bekanntesten sind Italienisch, Spanisch, Französisch und Portugiesisch. Aber auch im Deutschen und im Englischen, ursprünglich Sprachen germanischer Volker, gibt es viele Wörter lateinischen Ursprungs – im Englischen sind es sogar etwa 50 Prozent.

Latein	Ital.	Span.	Port.	Franz.	Engl.	Deutsch
amicus	amico	amigo	amigo	ami	(friend)	(Freund)
Augustus	agosto	agosto	agusto	août	August	August
familia	famiglia	familia	familia	famille	family	Familie
hora	ora	hora	hora	heure	hour	(Stunde)
luna	luna	luna	luna	lune	(moon)	(Mond)
porta	porta	portada	portada	porte	port	Pforte

Als um 1500 n.Chr. Europäer neue Kontinente entdeckten und eroberten, trugen sie auch ihre Nationalsprachen lateinischer Herkunft in die Neue Welt. So spricht man z.B. heute in Brasilien Portugiesisch, in einem Teil Kanadas Französisch, in Argentinien und den meisten anderen Staaten Lateinamerikas bis in den Süden der USA Spanisch.

Lectio Vicesima Quarta

A Geflügelte Worte

1. Quod licet Iovi, non licet bovi. 2. Qui tacet, consentire videtur. 3. Quae medicamenta non sanant, ferrum sanat; quae ferrum non sanat, ignis sanat; quae vero ignis non sanat, insanabilia putari oportet. 4. Non, quae praeteriit, hora redire potest. 5. Grata superveniet[1], quae non sperabitur, hora. 6. Caelum, non animum mutant, qui trans mare currunt. 7. Quam quisque norit[2] artem, in hac se exerceat! 8. Qui peccare se nescit, corrigi non vult. 9. Quae nocent, docent.

1 supervenīre: dazukommen; erscheinen 2 nōrit = nōverit

B –

C *Bestimme, welches Satzglied die Relativpronomina in A jeweils sind.*

D 1 *Du kennst mittlerweile viele Wörter mit der Wortwurzel* sta-. *Übersetze:* stare; statim; statua; stabulum; constare; constat; constantia; praestare; constituere; consistere; desistere; resistere.
Welche Bedeutung hat die Wortwurzel sta-?

D 2 *Adjektive auf* -ilis *oder* -bilis *teilen mit, dass etwas machbar ist (deutsch:* -lich; -bar).
sanare – (in)sanabilis; facere – facilis; difficilis
Erkläre ebenso: utilis; inutilis; incredibilis; horribilis; mirabilis.

E Martialis epigrammata[1]

Quem recitas, meus est, o Fidentine, libellus[2];
sed male cum recitas, incipit esse tuus. (I 38)

Versiculos[3] in me narratur scribere Cinna.
Non scribit, cuius carmina nemo legit. (III 9)

Ne laudet dignos, laudat Callistratus omnes.
Cui malus est nemo, quis bonus esse potest? (XII 80)

Omnia promittis, cum tota nocte bibisti,
mane nihil praestas[4]. Pollio, mane bibe! (XII 12)

Nuper erat medicus, nunc est vispillo[5] Diaulus:
Quod vispillo[5] facit, fecerat et medicus. (I 47)

1 epigramma, -matis n.: Epigramm 2 libellus: Büchlein 3 versiculus: Verslein; Gedichtchen 4 praestāre: erfüllen; halten 5 vispillō, -ōnis m.: Leichenträger

In diesen Epigrammen gibt es Wiederholungen (Rekurrenzen) und Gegenüberstellungen (Antithesen). Stelle sie für jedes Epigramm zusammen und überlege, welche Wirkung sie haben.
Untersuche auch den Satzbau (Wortstellung) auf Besonderheiten und Auffälligkeiten.

S **Antike Medizin.** In den ältesten Zeiten glaubten die Menschen, Krankheiten seien durch Zauber bewirkt, von bösen Geistern oder von Gottheiten gesandt. Die Erkenntnis, dass Krankheit ein natürlicher Vorgang ist, natürliche Ursachen hat und entsprechend behandelt werden muss, bildete sich im 5. Jahrh. v. Chr. in Griechenland heraus. Ein Zentrum dieser neuen Medizin war die Ärzteschule auf der Insel Kos. Dort lehrte *Hippokrates* (etwa

Ein Arzt untersucht einen Kranken. Steinrelief.

460–377 v. Chr.), der bedeutendste Arzt der Antike. Auf ihn wird der sog. „Eid des Hippokrates“ zurückgeführt, mit dem Ärzte sich verpflichten, ihr Wissen nur zum Wohle ihrer Patienten einzusetzen: „Ärztliche Verordnungen werde ich treffen zum Nutzen des Kranken nach meiner Fähigkeit und meinem Urteil, hüten aber werde ich mich davor, sie zum Schaden und in unrechter Weise anzuwenden.“

Seit dem Ende des 3. Jahrh. v. Chr. gelangte die griechische Medizin u. a. durch Sklaven (*servi medici*) nach Rom, wo Kranke bis dahin meist vom Familienoberhaupt, dem *pater familias*, mit einfachen Hausmitteln behandelt worden waren. Dem Können der griechischen Ärzte begegnete man teilweise zunächst mit Misstrauen. Eine griechische Wissenschaft blieb die Medizin auch später. Noch der letzte große Arzt der Antike, *Galen* (129–199 n. Chr.), war Grieche und schrieb griechisch.

Anfangs war das soziale Ansehen der Ärzte in Rom gering. Das änderte sich jedoch in der Kaiserzeit. Neben selbstständig praktizierenden Ärzten gab es vom Staat oder von Städten angestellte Ärzte. Sie versorgten die ärmere Bevölkerung kostenlos und kümmerten sich in öffentlichen Einrichtungen, z. B. den Thermen, um Hygiene und Sauberkeit. Die Spezialisierung zu Fachärzten begann schon früh. Die ersten waren die Zahnärzte; wir kennen aber z. B. auch von Augenärzten Rezepte für Salben und Tropfen. Chirurgen nähten Wunden, schienten Brüche, entfernten Gallen- und Blasensteine, führten sogar Schädeloperationen durch. Schwieriger als der chirurgische Eingriff war die Versorgung des Patienten nach der Operation, etwa wenn es darum ging, seine Wunde keimfrei zu halten. Einfache ärztliche Instrumente wie Skalpell, Sonde,

Schere, Zange besaß auch schon der Arzt in der Antike, die Diagnose musste er aber ohne technische Hilfen (Labor, Röntgenaufnahmen) stellen. Die sorgfältige Untersuchung des Kranken war deshalb besonders wichtig. Als Medikamente standen nur Naturheilmittel zur Verfügung und mehr als ein moderner Arzt musste der Arzt im Altertum auf die Kraft der Natur vertrauen: *Medicus curat, natura sanat* (Allein die Natur kann heilen, der Arzt behandelt nur).

Lectio Vicesima Quinta

A De sancto Sebastiano

Sebastianus vir Christianissimus Diocletiano et Maximiano imperatoribus tam carus erat, ut imperium ei primae cohortis traderent et eum in suo conspectu semper esse iuberent. Hic stipendia ad hoc tantum merebat, ut Christianorum animas, quos in tormentis videbat deficere, confirmaret.

Praefectus Diocletiano de Sebastiano rettulit; quo vocato imperator dixit: „Ego te inter primos in palatio[1] meo semper habui, sed tu iam diu contra salutem meam laboravisti." Cui Sebastianus: „Pro salute tua Christum semper colui, et pro imperio Romano Deum, qui in caelo est, semper adoravi." Tum Diocletianus iussit eum medio in campo vinciri et a militibus sagittis interfici; qui ita eum sagittis compleverunt, ut quasi ericius[2] videretur, et illum mortuum existimantes abierunt. Sebastianus autem Deo adiuvante refectus est.

Et paucis diebus post imperatores e palatio[1] venientes propter mala, quae Christianis inferri iusserant, dure vituperavit. Quem conspicati dixerunt imperatores: „Istene est Sebastianus, quem ut sagittis interficerent milites, imperavimus?" Quibus Sebastianus: „Ad hoc me Dominus in vitam revocavit, ut convenirem vos et propter ea, quibus Christianos afficitis, mala vituperarem. Quos nisi vexare desieritis, iram Domini movebitis."

Tum imperatores tam diu eum verberari iusserunt, dum animam efflaret, corpusque eius in cloacam[3] deiciendum curaverunt, ne a Christianis pro martyre[4] coleretur. Sanctus autem nocte sequente sanctae Luciae apparuit et ei aperuit, quo in loco corpus suum occultari imperatores iussissent, et ut prope sepulcra apostolorum illud sepelirent, oravit. Quod factum est.

1 palātium: Palast 2 ēricius: Igel 3 cloāca: Kloake (Abwasserkanal) 4 martyr, -tyris m.: Märtyrer

B –

Der heilige Sebastian. Altarbild.

C –

D 1 *Verwechslungsgefahr!*
Nenne die Grundform und das Tempus und/oder den Kasus: vici; vinci; vicini; vinciri; vincti; victi; victori; victoriis; victoris; victis; vinctis; vincis; vicinis; vinciris; vinceris; vincaris; viceras; vinceres; vincireris; vixeris; vinxeras; vinces; vincies; vicis; vicisti; viceritis; vixeritis; vinxeritis; vincam; vinciam; viverem; victorem; victoriam; victor; vincor; vincior.

D 2 *Stelle aus D 1 die mehrdeutigen Formen zusammen und bestimme sie.*

E –

S **Rom und die Christen.** Die frühen Christen fielen durch ihre Lebensführung und ihren Zusammenhalt auf. Der neue Glaube fand zunächst bei sozial Schwächeren, dann aber auch in der Oberschicht Anhänger. Die Christen galten ursprünglich als eine religiöse Bewegung neben anderen, gerieten jedoch bald in eine Außenseiterrolle.
In Konflikt mit der Staatsmacht kamen sie umso mehr, je verpflichtender der Kaiserkult als römische Staatsreligion wurde. Der römische Kaiser galt als ein

Mensch mit übermenschlicher Weisheit und Kraft und beanspruchte, wie ein Gott verehrt zu werden. Diesen Kaiserkult lehnten die Christen ab. Anfangs hielt sich der Konflikt in Grenzen; auch die berüchtigten Christenverfolgungen unter Nero (Mitte des 1. Jahrhunderts) waren noch eine einzelne Maßnahme. Unter den späteren Kaisern aber häuften sich – meist auf Anzeigen hin – Strafprozesse gegen Christen, die dem *genius* (göttlicher Geist) des Kaisers das Opfer verweigerten. Die Christen galten nun als staatsfeindlich. Einen Höhepunkt erreichte die Verfolgung von Christen um 250 unter Kaiser Decius. Bei einer allgemein geforderten *supplicatio* (Gebet und Opfer) an die römischen Götter verweigerten die Christen die Teilnahme. Jetzt setzten systematisch groß angelegte Strafverfolgungen ein. Wer zu seinem Glauben stand, wurde gefoltert und grausam getötet; wer das – von vielen Christen freudig erlittene – Martyrium nicht ertragen wollte, überlebte nur, wenn er entweder opferte oder sich eine Opferbescheinigung erschlich. Die Christen verehrten Märtyrer wie Heilige, verachteten dagegen die „Verräter“ und schlossen sie aus den Gemeinden aus.

Nach erneuten schweren Verfolgungen unter den Kaisern Diokletian und Galerius (um 305) schlug die Entwicklung um. Kaiser Konstantin der Große ließ, so wird berichtet, vor der Entscheidungsschlacht gegen seinen Gegner Maxentius an der *Milvischen Brücke* nördlich von Rom (312) das Zeichen der Christen auf die Feldzeichen seiner Truppen setzen. Es heißt, im Traum habe ihm ein Engel das Kreuz mit den Worten gezeigt: *In hoc signo vinces.* Im Toleranzedikt von Mailand (313) wurde der christliche Glaube zugelassen. Konstantin selbst ließ sich jedoch erst auf dem Sterbebett taufen. 391 wurden alle anderen Kulte verboten, das Christentum wurde Staatsreligion.

Lectio Vicesima Sexta

A Qui totum vult, totum perdit

Olim erant tres socii, qui una iter faciebant. Accidit, ut nullum cibum praeter unum panem haberent. Fame magna premebantur, et alius alii dixit: „Si iste panis in tres partes divideretur, unicuique pars sua non sufficeret; vix uni soli totus panis satis erit. Consilium igitur ineamus, quo modo isto pane optime utamur!“

Tum dixit unus: „Hac in via dormiamus; et qui maxime mirabile somnium viderit, eius solius totus panis sit!“ Cum uterque socius „Bonum est consilium“ respondisset, alius alio loco dormiendi causa consedit. Paulo post ille, qui consilium dederat, surrexit et sociis dormientibus panem totum devoravit neutrique socio ullam partem reliquit. Quo facto sociis excitatis dixit: „Surgite celeriter! Tempus est, ut quisque nostrum ceteris somnium suum narret.“

Zwei Illustrationen aus einer im 13. Jahrh. entstandenen Prachthandschrift der Bibel: Jakobs Traum von der Himmelsleiter; Höllenqualen.

Tum primus: „Carissimi, vidi scalam auream de caelo descendentem, qua via angeli descendebant et ascendebant et animam meam in caelum duxerunt. Cum ibi essem, patrem et filium et spiritum sanctum vidi. Hoc est somnium meum.“

Dixit secundus: „Ego vidi daemones[1] instrumentis ferreis et igneis animam meam de corpore meo in infernum[2] trahentes et ibi vexantes, et eos audivi dicentes: Quam diu Deus regnabit in caelo, permanebis hoc loco.“

Tum tertius: „Audite somnium meum! Videbatur mihi angelus ad me venire et dicere: Carissime, visne videre, ubi sit uterque sociorum tuorum? Respondi: Utriusque videndi cupidus sum etiam propterea, quod unum panem habemus, qui inter nos dividendus est. Timeo enim, ne cum pane effugerint. At ille: Non est ita; sed panis ante te iacet. Sequere me! Et duxit me ad portam caeli, et vidi te. Videbaris mihi in caelum raptus esse et sedere in throno[3] aureo et multos cibos et vina optima ante te habere. Dixitque angelus mihi: Hoc alteri socio evenit; et in aeternum ibi permanebit, quod, qui semel caelum intravit, exire non potest. Iam mecum veni, ut ostendam tibi alterius socii fortunam! Tum ad portas inferni[2] me duxit, et ibi vidi te, sicut dixisti, in poenis gravissimis, et clamavi ad te: O carissime, doleo te in istis poenis iacere. Tu vero respondisti mihi, quam diu Deus regnaret in caelo, tibi permanendum esse in inferno[2], cum illud meruisses. Tum me cito fugere et panem totum edere iussisti confirmans me neutrum vestrum postea visurum esse. Itaque statim surrexi et, sicut imperavisti, panem edi.“

1 daemōn, -monis m.: Teufel 2 īnfernum: Hölle 3 thronus: Thron

Weihrelief für Asklepios, 4. Jahrh. v. Chr.

B –

C –

D 1 *Übersetze:* eius silvae; eius silva; earum silvarum; eorum silvarum; iis silvis; eius silvis; eorum silvis; eae silvae; eas silvas; ei silvae; eius silvarum; eam silvam; eius silvam; eorum silvae; eius silvas.

D 2 *Schreibe ab, ergänze die fehlenden Wortausgänge und übersetze:* provinciae tot ~~~ (3); in un ~~~ virtute; ab utr ~~~ que (3); un ~~~ tempore; Galliae tot ~~~ (3); ad utr ~~~ que rem; tot ~~~ exercitus (4); neque ull ~~~ potestatem; ali ~~~ condicione; sine ull ~~~ periculo; ali ~~~ iter null ~~~; in utr ~~~ partem; utr ~~~ que partis; null ~~~ cum periculo; un ~~~ salutem; alter ~~~ die; null ~~~ concilio (2), alius ali ~~~ ex nave; compluribus ali ~~~ de causis.

D 3 *Setze zu jedem Pronomen eine passende Form von* rex *und übersetze:* huius; eundem; ipsum; cum illo; isti; ei; eorum; ipsius; eosdem; suum; illis; idem; eorundem.

D 4 *Adjektive auf* -eus *geben an, aus welchem Material etwas besteht; sie sind von Substantiven abgeleitet:* ferrum: *Eisen* – ferreus: *eisern.*
Erkläre ebenso: aureus; igneus.

E –

S **Traum und Traumdeutung in der Antike.** Für Griechen und Römer hatten Träume auch im täglichen Leben große Bedeutung. Anders als wir heute glaubten sie, dass sich in Träumen die Zukunft ankündige. Es war darum wichtig, möglichst genau zu wissen, was ein Traum besagte. Das erfuhr man von Traumdeutern, die gegen Bezahlung Träume auslegten. Das „Wissen" der Antike über Träume und deren Deutung ist schon früh in Traumbüchern gesammelt worden. Vollständig erhalten ist das Traumbuch des Griechen Artemidor aus dem 2. Jahrh. n. Chr., das zahlreiche Traumdeutungen überliefert. Man ging von festen Bedeutungen aus: „Eine Treppe ist das Symbol einer Reise und eines Umzuges, ihre Stufen bedeuten das Weiterkommen. Einige behaupten, dass sie auch Gefahr anzeigen." Zum Verständnis eines Traumes musste aber noch viel anderes berücksichtigt werden: ob es sich um den Traum eines Mannes oder einer Frau handelte, ob der Träumer ein Freier oder ein Sklave, ob er gesund oder krank, arm oder reich war usw. Neben der aktuellen Situation war die Persönlichkeit des Träumers wichtig: „Der Anblick eines Adlers auf einem Felsen, auf einem Baum oder in schwindelnder Höhe ist für Unternehmungslustige ein gutes Zeichen, ein böses dagegen für Leute, die in Angst leben." Eine große Rolle spielten Träume auch in der antiken Medizin. Es wird berichtet, dass der Heilgott Asklepios (lat.: Aesculapius) Kranken im Traum erschienen sei. Er soll Anweisungen für die Behandlung gegeben, in anderen Fällen Kranke im Schlaf geheilt haben.

Lectio Vicesima Septima

A De illo, qui barbam[1] amisit

Miles quidam, cui barba[1] longa maximae curae erat, histrionem[2] quendam graviter offendit neque ullam poenam ei dare voluit. Quamquam alii milites eum hortabantur, ut histrioni[2] aliquid daret, ne quid detrimenti caperet, miles ille quicquam se ei daturum esse negabat.
Quodam die, cum venisset ad balneas publicas, histrio[2] ille eum iam exspectabat. Et cum simul essent in balneis, pyxidem[3] prompsit plenam unguenti depilativi[4], cui militis fallendi causa aliqua aromata[5] addiderat, et faciem totam unguere[6] coepit. Quod cum miles aliquod tempus spectavisset, „Quale est istud unguentum[4]", inquit, „quod est ita aromaticum[7]?" Cui histrio[2]: „Si quis faciem hoc unguento[4] unxerit[6], semper eam roseam[8] et pulchram servabit, neque quicquam magis hoc unguento[4] idoneum est ad pulchritudinem augendam." Cum miles interrogavisset, num quid eius unguenti[4] sibi daret, ille dixit: „Magno pretio hoc unguentum[4] emi, neque cuiquam ullam partem dabo." His verbis dictis histrio[2] quasi ad necessaria exiit pyxidem[3] consulto relinquens. Miles autem sine ulla cunctatione pyxide[3] capta totam faciem et

barbam[1] longam unxit[6] non sine aliqua spe barbam[1] quoque mox multo pulchriorem futuram esse. Pilis[9] autem statim cadentibus pudore affectus domum fugit et morbo simulato servis imperavit, ne quem intrare sinerent.

Histrio[2] autem regi et militibus eius totam rem nuntiavit; qui statim ad domum militis accedentes invenerunt eum imberbem[10], et illudentes hominem maestum reliquerunt.

1 barba: Bart 2 histriō, -ōnis m.: Schauspieler 3 pyxis, -xidis f.: Büchse; Dose 4 unguentum (dēpilātīvum): (Enthaarungs)creme 5 arōma, -matis n.: Duftstoff 6 unguō, ūnxī, ūnctum, unguere: eincremen 7 arōmaticus: wohlriechend 8 roseus: rosig 9 pilus: Haar 10 imberbis, -e: bartlos

B –

C1 *Stelle aus A zusammen*

a) die Wörter, hinter denen das Indefinitpronomen quis, quid *steht;*

b) die Indefinitpronomina, die in Sätzen mit negativem Sinn stehen;

c) die substantivisch verwendeten Indefinitpronomina;

d) die adjektivisch verwendeten Indefinitpronomina.

C2 *Erläutere die Wirkung, die die Alliteration in A, Zeile 7f., hat.*

D *Substantivisch oder adjektivisch?*

Übersetze: 1. spem salutis aliquam 2. si quid frumenti reperire possent 3. vires cuiusquam 4. cuiusque civitatis 5. esse aliquos repertos 6. aliquid novi consilii 7. si qui se occultavissent 8. neque quisquam 9. optimi cuiusque liberos 10. si quem aditum reperire possent 11. neque quemquam 12. neminem existimaturum 13. neque quicquam 14. neque quicquam negotii 15. antiquissimum quodque tempus 16. quae a quoque traduntur 17. quasdam res 18. ad utramque rem 19. aliud iter nullum 20. neque ullam potestatem 21. sua omnia 22. ad unum omnes 23. cum iam defenderet nemo 24. ne quid sibi nocere posset.

E –

S **Mittelalterliche Legenden und Exempla.** Die Geschichte vom „Ritter, der seinen Bart verlor“ stammt, wie auch andere Texte in diesem Buch, aus einer der Sammlungen mittelalterlicher Exempla und Legenden. Eine Legende, wie etwa die vom heiligen Georg (Lectio XV), ist eine Erzählung von Leben und Taten eines Heiligen. Sie wurde ursprünglich an dessen Namenstag in der Kirche vorgelesen. Exempla sind kurze Geschichten, die belehren, aber zugleich belustigen sollen.

Prologus Fo. j.

Incipit prologus in legendas sanctor̄ quas collegit in unū frater Iacobus Ianuensis de ordine predicatorum.

Uniuersū tempus presentis vite in quatuor distinguit̄. s. in tēpus deuiatōis. renouatōnis siue reuocatōnis. recōciliatōnis. et pegrinatōnis. Tempus deuiatōis fuit ab Adam postq̄. s. a deo deuiauit. & durauit vsq̄ ad Moysen: & istud tēpus representat ecclesia a septuagesima vsq̄ ad pascha. vn̄ & tūc legit̄ Genesis liber. s. in quo ponitur deuiatio primorū parentū. ¶ Tempus renouatōnis siue reuocationis incepit a Moyse. & durauit vsq̄ ad natiuitatē xpi: in quo homines p̄ phetas ad fidē reuocati sūt & renouati. Et istud tempus repn̄tat ecclesia ab aduentu dn̄i vsq̄ ad natiuitatē xpi vn̄ tūc legit̄ Esaias. vbi de hac reuocatione aperte agitur. ¶ Tempus recōciliatōis est tempus in quo p̄ xpm sum᷒ reconciliati. Et istud tempus repn̄tat ecclesia a pascha vsq̄ ad penthecosten vnde & tūc legit̄ apocalipsis. vbi plene agit̄ de misterio huius recōciliatōnis. ¶ Tempus pegrinationis est tempus p̄ntis vite. in quo pegrinamur & in pugna semp̄ sumus. Et illud tēpus representat ecclesia ab octaua penthecostes vsq̄ ad aduentum dn̄i. Unde tūc legūt̄ libri regū & Machabeorū. i quibꝰ d̄ multiplici pugna agit̄. p̄ quam nr̄a pugna spūalis signatur. Tempus aūt illd̄ qd̄ est a natali dn̄i vsq̄ ad septuagesimā. partim ɔtinet̄ sub tēpore recōciliatiōnis quod est tēpus letitie. s. a natali vsq̄ ad octauam epyphanie. partim sub tpe pegrinatōnis. s. ab octaua epyphanie vsq̄ ad septuagesimā. ¶ Et potest accipi hec quadruplex tpm variatio. Primo penes quatuor temporū distinctiōnes. vt hyems referat̄ ad primum. ver ad secundum. estas ad tertiū. autumnus ad quartū. Et ratio appropriationis satis patet. Secūdo penes quatuor partes diei. vt nox referat̄ ad primum. mane ad secundū. meridies ad tertium. vespera ad quartum. ¶ Licet aūt prius fuerit deuiatio q̄ renouatio tamē ecclesia omīa offitia sua potius incipit in tempore renouationis q̄ deuiatōnis. id est in aduentu potiusq̄ in septuagesima. Et hoc duplici ratione. Primo ne videat̄ icipere ab errore: tenet enī rem & nō sequit̄ ordinē tempis. sicut & euāgeliste sepius faciūt. Secūdo qm̄ p̄ aduentū xpi omīa renouata sūt. ꝓpter quod tēpus istud dicit̄ tempus renouatōnis. apoca. xxi. Ecce ego noua facio omīa. Congrue igit̄ in hoc tpe renouatōnis ecclesia omīa offitia sua renouat. Ut igit̄ hic ordo tpis ab eccl'ia distinct᷒ seruet̄. Primo agem᷒ de festiuitatibꝰ q̄ occurrūt infra tps renouatōis. qd̄ tēpus repn̄tat ecclesia ab aduentu vsq̄ ad natiuitatē dn̄i. Secūdo de illis q̄ occurrūt infra tps qd̄ partim cōtinet̄ sub tpe recōciliatōis. partim sub tpe pegrinatōnis. qd̄ tps representat ecclesia a natiuitate vsq̄ ad septuagesimā. Tertio de illis que occurrūt infra tēpus deuiatōnis. qd̄ tempus representat ecclesia a septuagesima vsq̄ ad pascha. Quarto de illis q̄ occurrunt infra tempus recōciliatōis. quod tēpus representat ecclesia a pascha vsq̄ ad octauam penthecostes. Quinto d̄ illis que occurrūt infra tempus pegrinatōnis: quod tēpus representat ecclesia ab octaua penthecostes vsq̄ ad aduentum dn̄i. Explicit prologus.

Incipit legenda scōrū q̄ longbardica noiat̄ historia. Et p̄io de aduētu dn̄i.

Beginn der Legenda Aurea, der berühmtesten Legendensammlung des Mittelalters. Seite aus einer 1478 in Nürnberg gedruckten lateinischen Ausgabe.

Während im Römischen Reich Schulbildung und die Fähigkeit zu lesen und zu schreiben weit verbreitet waren, war die Schriftkultur im Mittelalter auf einen kleinen Kreis beschränkt: lateinkundige Priester, Mönche und Gelehrte. Was die anderen Menschen wussten, lernten sie meist durch Anschauung, Erfahrung oder aber vom Zuhören, z.B. bei der Predigt in der Kirche.

Die Prediger waren gute Menschenkenner. Damit die Zuhörer bis zum Ende der Predigt ausharrten, brachten sie am Schluss eine kleine interessante Geschichte. Oft waren es *facetiae*, Schnurren, über die man lachen konnte. Ein Beispiel dafür ist die Geschichte vom „Betrunkenen, der einen Toten zum Essen einlud“: Ein Mann geht aus dem Wirtshaus über einen Friedhof nach Hause und stolpert über einen Totenkopf. In seiner Trunkenheit lädt er den Toten zum Abendessen ein. Der kommt tatsächlich. Nur mit Mühe kann die entsetzte Familie den Knochenmann, der an die Tür pocht, wieder loswerden. Der Vater gelobt, sich nie wieder zu betrinken.

Belehrend und lustig ist die Geschichte vom „Teufel, der Psalmenstücke sammelt“: Ein Abt trifft vor der Klosterpforte den als Bettler verkleideten Teufel, der ihm einen Sack voller „Psalmenstücke“ zeigt. „Wo hast du die gesammelt?“ „Bei deinen Mönchen. Jedesmal, wenn sie beim Beten ein Wort auslassen oder falsch aussprechen, sammele ich es auf.“ Nachdem der Abt seinen Mönchen eine Strafpredigt wegen ihres nachlässigen Gebets gehalten hat, findet der Teufel keine „Psalmenstücke“ mehr und kann durch das Zeichen des Kreuzes vertrieben werden.

Zahlreiche lateinische Sammlungen von Legenden, Exempla und *facetiae* sorgten dafür, dass den Predigern der Stoff für ihre Zugaben bei der Predigt nicht ausging.

Zusatztexte (Z*)

1 De histrione[1]

Histrio[1], cum noctu fures in domo sua comprehendisset, dixit ad eos: „Quaero, quid vos noctu in domo mea invenire exspectetis, cum ego interdiu[2] nihil invenire possim.“

1 histriō, -ōnis m.: Schauspieler 2 interdiū (Adv.): bei Tage

3 Magister de ludo litterario[1] narrat

Puellis puerisque, cum saepe libenter in scholam eant, tamen discere et legere et scribere nonnumquam[2] iucundum non est. Ludere vel ambulare vel fabulas audire cupiunt, quamquam multos homines discendo tantum et legendo sibi doctrinam[3] parare sciunt. Itaque nonnumquam[2] dicunt: „Multa iam didicimus, magister. Hodie cupidi sumus audiendi fabulam; etiam bene audiendo doctrinam[3] parare licet.“ Magister: „Bene est. Paratus sum ad narrandum. Hodie vobis narrabo, quo modo liberi Romanorum educati[4] sint.
Aetate septem annorum discendi causa in ludum litterarium[1] ire solebant. Cottidie paedagogus[5], unus e servis, filium domini eo agebat. Magister ludi[1] valde severus erat. In docendo[6] curabat, ut discipuli attenti essent. Qui dormiebat aut qui stultus erat, virgis valde verberabatur. Magister ludi[1] saepe in docendo[6] dicebat: Scribere scribendo, dicendo dicere disces.“

1 lūdus litterārius: Elementarschule; Grundschule 2 nōnnumquam (Adv.): manchmal 3 doctrīna: Gelehrsamkeit; Bildung 4 ēdūcāre: erziehen 5 paedagōgus: Erzieher 6 docēre: lehren; unterrichten

7 De bello Punico secundo

Populus Romanus cum Hasdrubale, imperatore Carthaginiensium, foedus renovaverat, ut finis utriusque imperii esset flumen Hiberus Saguntinisque libertas servaretur. Cum Hasdrubal a servo interfectus esset, Hannibal, filius Hamilcaris, iuvenis magni ingenii, eius officium[1] suscepit.
Hasdrubale interfecto omnis exercitus ingenti clamore Hannibalem imperatorem novum salutavit. Milites Hannibalem cum Hamilcare

patre comparari posse eumque Hasdrubale interfecto bonum imperatorem fore crediderunt.

Imperio suscepto Hannibal Saguntum oppugnare constituit. Saguntini territi legatos Romam miserunt auxilium ad bellum imminens orantes. Quibus legatis in senatum ductis mitti legatos in Hispaniam ad res sociorum cognoscendas senatoribus placuit. Hac legatione nondum missa Saguntum iam oppugnari allatum est. Multis senatoribus multa varia consilia dantibus paulatim sententia vicit, ut celeriter legati ad Hannibalem atque deinde Carthaginem mitterentur. Carthaginiensibus Saguntum summa vi oppugnantibus maximum bellum inter Romanos Carthaginiensesque coepit.

1 officium: Pflicht; Aufgabe

8 De Carthaginiensibus Alpes superantibus

Cum Carthaginienses Hannibale duce Alpibus appropinquarent, timor eorum et montium altitudine et nivibus paene caelo mixtis[1] in dies[2] augebatur; magisque augebatur montanis[3] subito primis in tumulis apparentibus. Timuerunt enim, ne, si valles[4] clausae essent, ab itinere prohiberentur. At Hannibal paucis militibus emissis, ut rem cognoscerent, audivit interdiu[5] modo tumulos occupari, noctu montanos[3] sua in tecta redire. Qua re cognita ille vir fortis et ingeniosus[6] repperit haec: Multis ignibus factis maxima parte militum in castris relicta ipse[7] ferocissimos milites per tenebras[8], per nives, per iniqua et ardua[9] loca illos in tumulos duxit montanis[3] inopinantibus. Illi mane e tectis exeuntes hostes sua supra capita sedere viderunt. Quo terrore commoti nuntios Hannibale invitante de pace miserunt.

Iam Romani eius aetatis nonnullis cladibus docti intellexerunt, cur Hannibal tantas peperisset victorias: Sua mente, suo ingenio, suis viribus incitatus – neque fortuna neque deis adiuvantibus – perfecit omnia, quae etiam invito Carthaginiensium senatu coeperat. Ne Romani quidem eum virum putare dubitabant divinum.

1 misceō, miscuī, mixtum, miscēre mischen; nahe kommen 2 in diēs von Tag zu Tag 3 montānus Bergbewohner 4 vallis, -is f. Tal 5 interdiū bei Tage 6 ingeniōsus genial 7 ipse selbst; persönlich 8 tenebrae (*Plurale tantum*) Dunkelheit 9 arduus steil

14 De fructu philosophiae[1]

Aristoteles[2] rogatus a quodam, quem fructum sua sibi philosophia[1] attulisset, „Ut mea“, inquit, „sponte[3] ea faciam, quae plurimi legum metu coacti faciunt.“

1 philosophia: Philosophie 2 Aristotelēs: Aristoteles, griechischer Philosoph
3 meā sponte: freiwillig

16 De vitae Archimedis[1] fine

Syracusae[2], postquam expugnatae sunt, diripiendae militibus Romanis datae sunt. Miles quidam praedandi causa Archimedis[1] domum intravit et Archimedem[1] ipsum invenit. Is in formis geometricis[3] spectandis, quas in pulvere[4] scripserat, occupatus urbem expugnatam esse ignorabat militemque monuit, ne formas[3] turbaret[5]. Sed miles praedandi cupidus cum nesciret, quis esset, Archimedi[1] vim afferre coepit. Tum ille ira incensus: „Noli turbare[5] circulos[6] meos!“ Miles autem se eum praemio debito affecturum esse respondit atque Archimedem[1] gladio necavit.
Dux Romanorum Archimedem[1] interfectum esse valde doluit eumque Romanis publice sepeliendum[7] esse censuit.

1 Archimēdēs: Archimedes, griechischer Naturwissenschaftler 2 Syrācūsae: Syrakus, Stadt an der Ostküste Siziliens, 212 v. Chr. von den Römern erobert 3 fōrma geōmetrica: geometrische Figur 4 pulvis, -veris m.: Staub 5 turbāre: verwischen; stören 6 circulus: Kreis 7 pūblicē sepelīre: durch ein Staatsbegräbnis ehren

17 Militis Romani pugna contra elephantum

Digna est cuiusdam militis Romani pugna contra elephantum, quae memoriae prodatur. Cum Hannibal captivos Romanos pugnare inter se coegisset, is miles solus superfuit[1]. Tum Hannibal eum idoneum esse constituit, qui elephanto proiceretur. Quibus verbis auditis ille ab Hannibale petivit, ut dimitteretur, si bestiam interfecisset.
Qua re impetrata solus in arena cum elephanto congressus est. Et elephanto ingenti pulchroque superato nemo Poenorum fuit, quin magno dolore afficeretur. Hannibal, qui nuntium eius pugnae elephantis contemptionem[2] allaturum esse intellegeret, equites misit, qui militem abeuntem interficerent.

1 superesse: übrigbleiben 2 contemptiō, -ōnis f.: Geringschätzung

Alphabetisches Verzeichnis der Eigennamen
(Teil II)

Abkürzungen römischer Vornamen

C. = Gāius Cn. = Gnaeus D. = Decimus	L. = Lūcius M. = Mārcus P. = Pūblius	Q. = Quīntus Sex. = Sextus T. = Titus Ti. = Tiberius

Aenēās	Aeneas, trojanischer Held
Āfrica	Afrika: 1. Erdteil 2. Name einer römischen Provinz, heute etwa Tunesien
Agrigentīnī	die Agrigentiner, Einwohner der Stadt Agrigent an der Südküste Siziliens
Albis	die Elbe
Albus	Albus, ein Römer
Alpēs	die Alpen
Amīsia	die Ems
Androclus	Androklos, ein Sklave
M. Antōnius	Antonius, Legat Caesars; zunächst Partner, später Gegner des Augustus
Aristīdēs	Aristides, athenischer Politiker im 5. Jahrh. v. Chr.
Arminius	Arminius (Hermann), Fürst der Cherusker, der Befreier Germaniens (9 n. Chr.)
Asia	Asien: 1. Erdteil 2. Kleinasien 3. Name einer römischen Provinz im Westteil der heutigen Türkei
Athēniēnsēs	die Athener
Attica	Attika, griechische Landschaft um Athen
Augustīnus	Augustinus, Kirchenvater (354–430 n. Chr.)
Caesar Augustus	Kaiser Augustus (63 v. Chr.–14 n. Chr.)
Bructerī	die Brukterer, germanischer Volksstamm zwischen Lippe und Ems
D. Iūnius Brūtus	Brutus, einer der Mörder Caesars
Caecīna	Caecina, Legat des Germanicus
Caesar	1. Caesar, römischer Feldherr und Staatsmann (100–44 v. Chr.) 2. Kaiser; (Kron)prinz
C. Iūlius Caesar	Caesar, römischer Feldherr und Staatsmann (100–44 v. Chr.)
Callistratus	Kallistratos, Zeitgenosse des Dichters Martial
Cannae	Cannae, Schlachtort in Süditalien (216 v. Chr.)
Capitōlium	das Kapitol, Tempelbezirk und Festung auf einem der sieben Hügel Roms
Capua	Capua, Hauptstadt Kampaniens in Süditalien
Carthāginiēnsis	karthagisch; Karthager
Carthāgō	Karthago, Stadt in Nordafrika
Catilīna	Catilina, römischer Patrizier, Verschwörer 63 v. Chr.
Catilīnārius	Anhänger Catilinas; Catilinarier

M. Porcius Cato Uticēnsis	Cato, römischer Politiker (95–46 v. Chr., gestorben im afrikanischen Ort Utica)
Chaucī	die Chauken, germanischer Volksstamm zwischen Ems und Elbe
Cheruscī	die Cherusker, germanischer Volksstamm an der Weser
Chrīstiānus	christlich; Christ
Chrīstus	Jesus Christus
M. Tullius Cicerō	Cicero, römischer Anwalt, Politiker und Philosoph (106–43 v. Chr.)
Cilicia	Kilikien, Landschaft an der Südküste Kleinasiens
Cinna	Cinna, Zeitgenosse des Dichters Martial
Circus Maximus	der Zirkus Maximus in Rom
Corinthus	Korinth, Stadt in Griechenland
Cn. Mārcius Coriolānus	Coriolan, römischer Patrizier (5. Jahrh. v. Chr.)
Cornēlius	Cornelius, Kumpan des Verres
M. Licinius Crassus Dīves	Crassus, römischer Großkapitalist, Feldherr und Politiker (115–53 v. Chr.)
Cynoscephalae	die „Hundsköpfe“, zwei Berge in Thessalien, Schlachtort 197 v. Chr.
Diāna	Diana, Göttin der Jagd, Zwillingsschwester Apollos; griech.: Artemis
Diaulus	Diaulos, Zeitgenosse des Dichters Martial
Didō	Dido, Gründerin der Stadt Karthago in Nordafrika
Dioclētiānus	Diokletian, römischer Kaiser (284–305 n. Chr.) zusammen mit Maximian
Cn. Cornēlius Dolābella	Dolabella, Prätor in Kilikien 80/79 v. Chr.
Etrūscus	etruskisch; Etrusker
Q. Fabius Maximus Cūnctātor	Fabius, der „Zauderer“, Gegner Hannibals
Fannius	Fannius, Zeitgenosse des Dichters Martial
Fīdentīnus	Fidentinus, Zeitgenosse des Dichters Martial
Flaccus	Flaccus, Zeitgenosse des Dichters Martial
Flāvus	Flavus, Bruder des Cheruskerfürsten Arminius, Soldat in römischen Diensten
Frīsiī	die Friesen, germanischer Volksstamm
Gāius	Gajus, ein Römer
Gallia	Gallien; Pl.: die drei gallischen Provinzen
Sānctus Geōrgius	der heilige Georg
Germānia	Germanien
Iūlius Caesar Germānicus	Germanicus, Neffe und Adoptivsohn des Kaisers Tiberius (15 v. Chr.–19 n. Chr.)
Germānus	germanisch; Germane
Ti. Semprōnius Gracchus	Tiberius Sempronius Gracchus, römischer Politiker, Volkstribun 133 v. Chr.
Graecia	Griechenland
Graecus	griechisch; Grieche

Hamilcar Barcas	Hamilkar, karthagischer Feldherr, Vater Hannibals
Hannibal	Hannibal, karthagischer Feldherr (247–183 v. Chr.)
Hannō	Hanno, Kurzform des Namens Johannes
Hasdrubal	Hasdrubal, karthagischer Feldherr, Schwiegersohn Hamilkars, Schwager Hannibals
Hibērus	der Ebro, Fluss in Spanien
Hispānia	Spanien
Hispānus	spanisch; Spanier
Q. Horātius Flaccus	Horaz, römischer Dichter (65–8 v. Chr.)
Īdūs Mārtiae	die Iden des März (15. März)
mare Internum	das Mittelmeer
Isthmia	die Isthmien, Spiele auf dem Isthmos von Korinth zu Ehren des Gottes Poseidon
Italia	Italien
Iuppiter oder Iūpiter (Gen.: Iovis)	Jupiter, der oberste Gott der Römer; griech.: Zeus
Laelia	Laelia, Zeitgenossin des Dichters Martial
Lampsacēnī	die Einwohner der Stadt Lampsakos am Hellespont
Lampsacus	Lampsakos, Stadt am Hellespont
Laurentius	Lorenz
Libya	1. Libyen, Land an der Nordküste Afrikas 2. Afrika
Linus	Linos, Zeitgenosse des Dichters Martial
Sāncta Lūcia	die heilige Lucia
Macedonēs	die Makedonen, Volksstamm im Norden Griechenlands
Māmercus	Mamercus, Zeitgenosse des Dichters Martial
M. Marius	Marius, Bürgermeister (Quästor) einer italischen Kleinstadt
Mārtiālis	Martial, römischer Dichter (40–98 n. Chr.)
Maximiānus	Maximian, Mitregent des Kaisers Diokletian (286–305 n. Chr.)
Mercurius	Merkur, geflügelter Bote der Götter, Gott der Kaufleute und Diebe; griech.: Hermes
Mīlētus	Milet, Stadt an der Westküste Kleinasiens
Ti. Claudius Nerō Caesar	Kaiser Nero (54–68 n. Chr.)
Nūcerīnī	die Einwohner von Nuceria, einer Kleinstadt bei Pompeji
Papīrius	Papirius, römischer Senator, Vater des Papirius Praetextatus
Papīrius Praetextātus	Papirius Praetextatus, Sohn eines römischen Senators
Paula	Paula, Zeitgenossin des Dichters Martial
Persae	die Perser
Phaedrus	Phädrus, römischer Fabeldichter zur Zeit des Kaisers Augustus
Phaëthōn	Phaëthon, Sohn des Sonnengottes Sol
Phalaris	Phalaris, Tyrann von Agrigent an der Südküste Siziliens (um 560 v. Chr.)
Philippus	Philipp V., König von Makedonien
Philodāmus	Philodamos, vornehmer Bürger der Stadt Lampsakos am Hellespont
L. Calpurnius Pīsō	Piso, Statthalter in Spanien (25 n. Chr.)

C. Plīnius Caecilius Secundus	Plinius, römischer Schriftsteller (ca. 61–113 n. Chr.)
Poenī	die Punier (Karthager)
Pōlliō	Pollio, Zeitgenosse des Dichters Martial
Vedius Pōlliō	Vedius Pollio, reicher Freund des Kaisers Augustus
Pompēiānī	die Einwohner der Stadt Pompeji
Cn. Pompēius Magnus	Pompejus, römischer Feldherr und Staatsmann (106–48 v. Chr.)
Postumus	Postumus, Zeitgenosse des Dichters Martial
Prīscus	Priscus, Zeitgenosse des Dichters Martial
Pūnicus	punisch (karthagisch)
Pyrrhus	Pyrrhos, König von Epirus in Nordwestgriechenland
Rhēnus	der Rhein
Rhodus	Rhodos, Insel vor der Südwestspitze Kleinasiens
Rōma	Rom
Rōmānus	römisch; Römer
Rubrius	Rubrius, Kumpan des Verres
Saguntīnī	die Einwohner der Stadt Sagunt in Spanien
Saguntum	Sagunt, Stadt in Spanien
P. Cornēlius Scīpiō Āfricānus Māior	der ältere Scipio, berühmter römischer Feldherr und Staatsmann (ca. 235–183 v. Chr.), 202 v. Chr. Sieger über Hannibal bei Zama
P. Cornēlius Scīpiō Āfricānus Minor	Scipio, römischer Feldherr und Staatsmann (185–129 v. Chr.), zerstört 146 v. Chr. Karthago
Sānctus Sebastiānus	der heilige Sebastian
Segesta	Segesta, Stadt im Nordwesten Siziliens
Segestānī	die Einwohner der Stadt Segesta im Nordwesten Siziliens
Sicilia	Sizilien
Siculī	die Sizilier
Sōl	Sol, der Sonnengott; griech.: Helios
Spartacus	Spartakus, Sklave aus Thrakien, Gladiator in Capua, Anführer im Sklavenkrieg (73–71 v. Chr.)
Stertinius	Stertinius, Legat des Germanicus
Sychaeus	Sychaeus, Ehemann Didos
P. Cornēlius Tacitus	Tacitus, römischer Geschichtsschreiber (ca. 54–117 n. Chr.)
Teutoburgiēnsis saltus	der Teutoburger Wald
Thessalia	Thessalien, Landschaft in Nordgriechenland
Thrasymachus	Thrasymachos
Thrāx	thrakisch; Thraker
Tiberis	der Tiber
Tiberius Caesar Augustus	Kaiser Tiberius (14–37 n. Chr.)
Trōia	Troja, Stadt im Nordwesten Kleinasiens
Tyrius	tyrisch; Einwohner der Stadt Tyrus in Phönizien (Libanon)
Vāriāna pūgna	die Varusschlacht bei Kalkriese (9 n. Chr.)
P. Quīnctīlius Vārus	Varus, römischer Feldherr (ca. 46 v. Chr.–9 n. Chr.)

Vedius Pōlliō	Vedius Pollio, reicher Freund des Kaisers Augustus
C. Cornēlius Verrēs	Verres, skrupelloser römischer Beamter (ca. 115–43 v. Chr.)
T. Flāvius Vespasiānus	Kaiser Vespasian (69–79 n. Chr.)
Veturia	Veturia, Mutter des Coriolan
Via Sacra	die Via Sacra, die „Heilige Straße“ in Rom (führt über das Forum zum Kapitol)
Vincentius	Vinzenz
Visurgis	die Weser
Volscī	die Volsker, Volksstamm in Latium
Volumnia	Volumnia, Gattin des Coriolan
Vulcānus	Vulcanus, der hinkende Gott des Feuers und der Schmiedekunst; griech.: Hephaistos
Zama	Zama, Schlachtort in Nordafrika (202 v. Chr.)

Alphabetisches Verzeichnis der Stammformen (Teil I und Teil II)

abeō	abiī	abitum	abīre	weggehen
absum	āfuī	–	abesse	entfernt sein; abwesend sein; fehlen
accidō	accidī	–	accidere	sich ereignen
accipiō	accēpī	acceptum	accipere	1. annehmen 2. empfangen
accurrō	accurrī	accursum	accurrere	herbeilaufen
addō	addidī	additum	addere	hinzufügen
addūcō	addūxī	adductum	addūcere	heranführen
adeō	adiī	aditum	adīre	herangehen; besuchen; bitten; angreifen
adipīscor	adeptus sum	–	adipīscī	erlangen; erreichen
adiuvō	adiūvī	adiūtum	adiuvāre	unterstützen; helfen
admittō	admīsī	admissum	admittere	zulassen
adsum	adfuī	–	adesse	da sein; anwesend sein; (m. Dat.): beistehen; helfen
adveniō	advēnī	adventum	advenīre	ankommen
afferō	attulī	allātum	afferre	1. (herbei)bringen 2. zufügen 3. melden
afficiō	affēcī	affectum	afficere	versehen mit
aggredior	aggressus sum	–	aggredī	angreifen
agō	ēgī	āctum	agere	1. treiben; 2. betreiben; 3. verhandeln
alō	aluī	altum	alere	ernähren
āmittō	āmīsī	āmissum	āmittere	verlieren
animadvertō	animadvertī	animadversum	animadvertere	bemerken
aperiō	aperuī	apertum	aperīre	öffnen
appellō	appulī	appulsum	appellere	herantreiben
ārdeō	ārsī	ārsum	ārdēre	brennen
ascendō	ascendī	ascēnsum	ascendere	besteigen; hinaufsteigen
assentior	assēnsus sum	–	assentīrī	zustimmen
assequor	assecūtus sum	–	assequī	erreichen; erlangen
audeō	ausus sum	–	audēre	wagen
auferō	abstulī	ablātum	auferre	wegtragen
augeō	auxī	auctum	augēre	vermehren; vergrößern
bibō	bibī	–	bibere	trinken
cadō	cecidī	–	cadere	fallen
caedō	cecīdī	caesum	caedere	fällen; töten
canō	cecinī	–	canere	singen

capiō	cēpī	captum	capere	fassen; nehmen; fangen
caveō	cāvī	cautum	cavēre	sich hüten; sich in Acht nehmen (vor)
cēdō	cessī	cessum	cēdere	1. gehen 2. weichen
cēnseō	cēnsuī	cēnsum	cēnsēre	1. meinen 2. beschließen
circumagō	circumēgī	circumāctum	circumagere	herumführen
circumdō	circumdedī	circumdatum	circumdare	umgeben
circumsistō	circumstetī	–	circumsistere	umringen
circumveniō	circumvēnī	circumventum	circumvenīre	umzingeln
claudō	clausī	clausum	claudere	1. (ab)schließen 2. einschließen
cognōscō	cognōvī	cognitum	cognōscere	erkennen; erfahren
cōgō	coēgī	coāctum	cōgere	1. zwingen 2. versammeln
colligō	collēgī	collēctum	colligere	sammeln
colloquor	collocūtus sum	–	colloquī	sich unterreden
colō	coluī	cultum	colere	1. bebauen 2. verehren
commoveō	commōvī	commōtum	commovēre	1. (innerlich) bewegen 2. veranlassen
complector	complexus sum	–	complectī	umarmen
compleō	complēvī	complētum	complēre	anfüllen; füllen
compōnō	composuī	compositum	compōnere	zusammenstellen; verfassen
comprehendō	comprehendī	comprehēnsum	comprehendere	ergreifen; festnehmen
concurrō	concurrī	concursum	concurrere	zusammenlaufen
condō	condidī	conditum	condere	1. gründen 2. verbergen
cōnferō	contulī	collātum	cōnferre	1. zusammentragen 2. vergleichen
cōnficiō	cōnfēcī	cōnfectum	cōnficere	1. verfertigen 2. beenden
cōnfīdō	cōnfīsus sum	–	cōnfīdere	vertrauen
cōnfiteor	cōnfessus sum	–	cōnfitērī	gestehen; bekennen
congredior	congressus sum	–	congredī	zusammenkommen; zusammentreffen
coniungō	coniūnxī	coniūnctum	coniungere	verbinden
conquīrō	conquīsīvī	conquīsītum	conquīrere	zusammensuchen
cōnscendō	cōnscendī	cōnscēnsum	cōnscendere	besteigen
cōnsentiō	cōnsēnsī	cōnsēnsum	cōnsentīre	zustimmen
cōnsīdō	cōnsēdī	–	cōnsīdere	sich setzen
cōnsistō	cōnstitī	–	cōnsistere	sich aufstellen; Halt machen
cōnspiciō	cōnspexī	cōnspectum	cōnspicere	erblicken
cōnstituō	cōnstituī	cōnstitūtum	cōnstituere	1. festsetzen 2. beschließen
cōnsuēscō	cōnsuēvī	cōnsuētum	cōnsuēscere	sich gewöhnen
cōnsulō	cōnsuluī	cōnsultum	cōnsulere	1. um Rat fragen 2. beraten 3. beschließen 4. (m. Dat.): sorgen für
cōnsūmō	cōnsūmpsī	cōnsūmptum	cōnsūmere	verbrauchen
contemnō	contempsī	contemptum	contemnere	verachten

contendō	contendī	–	contendere	1. sich anstrengen 2. eilen 3. kämpfen
contineō	continuī	–	continēre	1. enthalten 2. umfassen
conveniō	convēnī	conventum	convenīre	zusammenkommen
corruō	corruī	–	corruere	zusammenstürzen
crēdō	crēdidī	crēditum	crēdere	1. glauben 2. anvertrauen
cupiō	cupīvī	cupītum	cupere	wünschen; wollen; verlangen
currō	cucurrī	cursum	currere	laufen

dēcernō	dēcrēvī	dēcrētum	dēcernere	entscheiden; beschließen
dēcipiō	dēcēpī	dēceptum	dēcipere	täuschen; betrügen
dēfendō	dēfendī	dēfēnsum	dēfendere	verteidigen
dēficiō	dēfēcī	dēfectum	dēficere	1. abnehmen 2. schwinden 3. versagen
dēiciō	dēiēcī	dēiectum	dēicere	1. hinabwerfen 2. verschlagen
dēleō	dēlēvī	dēlētum	dēlēre	zerstören
dēpōnō	dēposuī	dēpositum	dēpōnere	niederlegen
dērīdeō	dērīsī	dērīsum	dērīdēre	verlachen; auslachen
dēscendō	dēscendī	dēscēnsum	dēscendere	hinabsteigen
dēserō	dēseruī	dēsertum	dēserere	im Stich lassen; verlassen
dēsinō	dēsiī	dēsitum	dēsinere	aufhören
dēsistō	dēstitī	–	dēsistere	von etwas ablassen; mit etwas aufhören
dīcō	dīxī	dictum	dīcere	sagen
differō	distulī	dīlātum	differre	1. aufschieben 2. sich unterscheiden
diffīdō	diffīsus sum	–	diffīdere	misstrauen; zweifeln
dīligō	dīlēxī	dīlēctum	dīligere	lieben
dīripiō	dīripuī	dīreptum	dīripere	plündern
discō	didicī	–	discere	lernen
dīvidō	dīvīsī	dīvīsum	dīvidere	trennen; teilen
dō	dedī	datum	dare	geben
doceō	docuī	doctum	docēre	lehren; darlegen
domō	domuī	domitum	domāre	zähmen; unterwerfen
dūcō	dūxī	ductum	dūcere	1. führen 2. meinen

edō	ēdī	ēsum	edere	essen
efficiō	effēcī	effectum	efficere	bewirken
effugiō	effūgī	–	effugere	entfliehen
ēligō	ēlēgī	ēlēctum	ēligere	auswählen
ēmittō	ēmīsī	ēmissum	ēmittere	loslassen; ausschicken
emō	ēmī	ēmptum	emere	kaufen
eō	iī	itum	īre	gehen

ērigō	ērēxī	ērēctum	ērigere	aufrichten
ēvādō	ēvāsī	ēvāsum	ēvādere	entkommen
exeō	exiī	exitum	exīre	1. herausgehen; ausziehen 2. zu Ende gehen
expellō	expulī	expulsum	expellere	vertreiben
experior	expertus sum	–	experīrī	versuchen; erproben
expōnō	exposuī	expositum	expōnere	aussetzen
extendō	extendī	extēnsum	extendere	ausdehnen; ausstrecken
extrahō	extrāxī	extractum	extrahere	herausziehen
faciō	fēcī	factum	facere	machen; tun
fallō	fefellī	–	fallere	1. täuschen 2. enttäuschen
faveō	fāvī	fautum	favēre	geneigt sein; begünstigen
ferō	tulī	lātum	ferre	tragen; bringen
fingō	fīnxī	fictum	fingere	bilden; erdichten
fīō	factus sum	–	fierī	1. werden 2. geschehen 3. gemacht werden
flectō	flexī	flexum	flectere	(ab)biegen
fleō	flēvī	flētum	flēre	weinen; beweinen
fluō	flūxī	–	fluere	fließen
frangō	frēgī	frāctum	frangere	(etwas) zerbrechen
fugiō	fūgī	fugitum	fugere	fliehen; vermeiden
gaudeō	gavīsus sum	–	gaudēre	sich freuen
gerō	gessī	gestum	gerere	1. tragen 2. (aus)führen
gignō	genuī	genitum	gignere	erzeugen; gebären; hervorbringen
iaciō	iēcī	iactum	iacere	werfen
illūdō	illūsī	illūsum	illūdere	verspotten
impōnō	imposuī	impositum	impōnere	darauflegen; auferlegen
incendō	incendī	incēnsum	incendere	anzünden; anfeuern
incidō	incidī	–	incidere	1. hineinfallen; in etw. geraten 2. sich ereignen
incipiō	coepī	inceptum coeptum	incipere	anfangen; beginnen
inclūdō	inclūsī	inclūsum	inclūdere	einschließen
ineō	iniī	initum	inīre	1. hineingehen 2. beginnen
īnferō	intulī	illātum	īnferre	1. hineintragen 2. zufügen
ingredior	ingressus sum	–	ingredī	betreten
īnscrībō	īnscrīpsī	īnscrīptum	īnscrībere	(dar)aufschreiben; eintragen
īnstruō	īnstrūxī	īnstrūctum	īnstruere	1. aufstellen 2. ausrüsten

intellegō	intellēxī	intellēctum	intellegere	1. bemerken 2. einsehen 3. verstehen
interficiō	interfēcī	interfectum	interficere	töten
intersum	interfuī	–	interesse	teilnehmen an; dabei sein
invādō	invāsī	invāsum	invādere	eindringen
inveniō	invēnī	inventum	invenīre	finden; entdecken
invideō	invīdī	invīsum	invidēre	beneiden
iubeō	iussī	iussum	iubēre	befehlen; auffordern
lābor	lāpsus sum	–	lābī	gleiten; fallen
laedō	laesī	laesum	laedere	stoßen; verletzen
lavō	lāvī	lautum	lavāre	waschen; baden
legō	lēgī	lēctum	legere	1. lesen 2. sammeln
loquor	locūtus sum	–	loquī	sprechen
lūdō	lūsī	lūsum	lūdere	spielen
mālō	māluī	–	mālle	lieber wollen
maneō	mānsī	mānsum	manēre	1. bleiben 2. erwarten
mentior	mentītus sum	–	mentīrī	lügen
metuō	metuī	–	metuere	fürchten
minuō	minuī	minūtum	minuere	verringern
mittō	mīsī	missum	mittere	1. schicken 2. (los)lassen
morior	mortuus sum	–	morī	sterben
moveō	mōvī	mōtum	movēre	1. bewegen 2. veranlassen
neglegō	neglēxī	neglēctum	neglegere	1. nicht beachten 2. vernachlässigen
nītor	nīsus (nīxus) sum	–	nītī	sich stützen; sich anstrengen
nōlō	nōluī	–	nōlle	nicht wollen
nōscō	nōvī	nōtum	nōscere	kennen lernen; erkennen; erfahren
obsum	obfuī	–	obesse	schaden
occīdō	occīdī	occīsum	occīdere	töten
offendō	offendī	offēnsum	offendere	1. beleidigen 2. anstoßen
offerō	obtulī	oblātum	offerre	anbieten
opprimō	oppressī	oppressum	opprimere	1. unterdrücken 2. überfallen
orior	ortus sum	–	orīrī	1. entstehen 2. sich erheben
parcō	pepercī	–	parcere	schonen

pariō	peperī	partum	parere	hervorbringen; gewinnen
partior	partītus sum	–	partīrī	teilen; einteilen
patior	passus sum	–	patī	leiden; dulden; lassen; zulassen
pellō	pepulī	pulsum	pellere	1. stoßen 2. schlagen 3. vertreiben
pendeō	pependī	–	pendēre	(herab)hängen
perficiō	perfēcī	perfectum	perficere	vollenden; vollbringen
pergō	perrēxī	perrēctum	pergere	fortsetzen; fortfahren
permittō	permīsī	permissum	permittere	erlauben
permoveō	permōvī	permōtum	permovēre	1. (innerlich) bewegen 2. veranlassen
perrumpō	perrūpī	perruptum	perrumpere	durchbrechen
persuādeō	persuāsī	persuāsum	persuādēre	1. überreden 2. überzeugen
perveniō	pervēnī	perventum	pervenīre	hinkommen; gelangen
petō	petīvī	petītum	petere	1. streben nach 2.losgehen auf 3. erbitten
plaudō	plausī	plausum	plaudere	Beifall klatschen
polliceor	pollicitus sum	–	pollicērī	versprechen
pōnō	posuī	positum	pōnere	1. setzen 2. stellen 3. legen
possideō	possēdī	possessum	possidēre	besitzen
possum	potuī	–	posse	können
potior	potītus sum	–	potīrī	sich bemächtigen
praestō	praestitī	–	praestāre	zeigen; beweisen
praesum	praefuī	–	praeesse	vorstehen; anführen
praetereō	praeteriī	praeteritum	praeterīre	1. vorbeigehen 2. übergehen
premō	pressī	pressum	premere	drücken; bedrängen
prōcēdō	prōcessī	prōcessum	prōcēdere	vorrücken
proficīscor	profectus sum	–	proficīscī	aufbrechen; marschieren
prōmittō	prōmīsī	prōmissum	prōmittere	versprechen
prōmō	prōmpsī	prōmptum	prōmere	hervorholen
prōsum	prōfuī	–	prōdesse	nützen

quaerō	quaesīvī	quaesītum	quaerere	1. suchen 2. fragen
queror	questus sum	–	querī	klagen; beklagen

rapiō	rapuī	raptum	rapere	rauben
recēnseō	recēnsuī	recēnsum	recēnsēre	mustern
recipiō	recēpī	receptum	recipere	zurücknehmen; aufnehmen
reddō	reddidī	redditum	reddere	1. zurückgeben 2. machen zu
redeō	rediī	reditum	redīre	zurückkehren
redimō	redēmī	redēmptum	redimere	loskaufen

redūcō	redūxī	reductum	redūcere	zurückführen
referō	rettulī	relātum	referre	1. zurückbringen 2. hinbringen 3. berichten
regō	rēxī	rēctum	regere	regieren; lenken
regredior	regressus sum	–	regredī	zurückgehen
relinquō	relīquī	relictum	relinquere	zurücklassen; verlassen
removeō	remōvī	remōtum	removēre	entfernen
repellō	reppulī	repulsum	repellere	zurücktreiben
reperiō	repperī	repertum	reperīre	finden
respondeō	respondī	respōnsum	respondēre	antworten
retineō	retinuī	retentum	retinēre	zurückhalten
revertor	revertī	–	revertī	zurückkehren
rīdeō	rīsī	rīsum	rīdēre	lachen
rumpō	rūpī	ruptum	rumpere	brechen

saliō	saluī	–	salīre	springen
scrībō	scrīpsī	scrīptum	scrībere	schreiben
sedeō	sēdī	sessum	sedēre	sitzen
secō	secuī	sectum	secāre	schneiden
sepeliō	sepelīvī	sepultum	sepelīre	bestatten
sequor	secūtus sum	–	sequī	begleiten; folgen
sinō	sīvī	situm	sinere	lassen; zulassen
soleō	solitus sum	–	solēre	pflegen; gewöhnlich (tun)
solvō	solvī	solūtum	solvere	1. lösen 2. zahlen
sonō	sonuī	sonitum	sonāre	tönen
stō	stetī	statum	stāre	stehen
submittō	submīsī	submissum	submittere	zu Hilfe schicken
subveniō	subvēnī	subventum	subvenīre	zu Hilfe kommen; unterstützen
sum	fuī	–	esse	sein
sūmō	sūmpsī	sūmptum	sūmere	nehmen
surgō	surrēxī	surrēctum	surgere	aufstehen; sich erheben
suscipiō	suscēpī	susceptum	suscipere	unternehmen

tangō	tetigī	tāctum	tangere	berühren
tendō	tetendī	tentum (tēnsum)	tendere	spannen
teneō	tenuī	tentum	tenēre	halten
tollō	sustulī	sublātum	tollere	1. aufheben; erheben 2. beseitigen
trādō	trādidī	trāditum	trādere	1. übergeben 2. überliefern
trahō	trāxī	tractum	trahere	ziehen; schleppen
trānseō	trānsiī	trānsitum	trānsīre	1. überschreiten; hinübergehen 2. vorübergehen
trānsiliō	trānsiluī	–	trānsilīre	hinüberspringen
tribuō	tribuī	tribūtum	tribuere	zuteilen

ulcīscor	ultus sum	–	ulcīscī	1. rächen 2. sich rächen an
ūtor	ūsus sum	–	ūtī	gebrauchen; benutzen

veniō	vēnī	ventum	venīre	kommen
vereor	veritus sum	–	verērī	sich scheuen; verehren; fürchten
versor	versātus sum	–	versārī	sich aufhalten
vertō	vertī	versum	vertere	wenden
vetō	vetuī	vetitum	vetāre	verbieten
videō	vīdī	vīsum	vidēre	sehen
vinciō	vinxī	vinctum	vincīre	fesseln
vincō	vīcī	victum	vincere	siegen; besiegen
vīvō	vīxī	–	vīvere	leben
volō	voluī	–	velle	wollen

Alphabetisches Verzeichnis der in Teil I und Teil II vorkommenden Lernvokabeln

Nachgewiesen wird die Lektion, in der eine Vokabel zum ersten Mal vorkommt. Zahlen in Kursivschrift bezeichnen Lektionen in Teil II.

a, ab 8	von
abdere *1*	verbergen
abesse 17	entfernt sein; abwesend sein; fehlen
abire *2*	weggehen
abripere 7	fortreißen; hinwegraffen
abstinere *13*	sich enthalten
abundare 27	Überfluss haben; überfließen
ac 21	und
accedere *6*	herantreten; hinzukommen
accidere 15	sich ereignen
bene accidit, ut *15*	es trifft sich gut, dass
accipere 20	1. annehmen 2. empfangen
accurrere 14	herbeilaufen
acer 30	scharf; heftig
acies 10	1. Heer 2. Schlacht
acutus 7	spitz; scharf; scharfsinnig
ad 2	zu; nach; bei
ad diem *17*	auf den Tag; rechtzeitig
ad unum omnes *16*	alle ohne Ausnahme
addere 15	hinzufügen
adducere 20	heranführen
adesse 5	da sein; anwesend sein
adesse (m. Dat.) 18	beistehen; helfen
adhuc 33	bis jetzt
adipisci *11*	erlangen; erreichen
adire *2*	herangehen; besuchen; bitten; angreifen
aditus 26	Zugang
adiuvare 9	unterstützen; helfen
administrare 8	1. verwalten 2. besorgen
admirari *12*	bewundern
admiratio 5	Bewunderung
admittere 28	zulassen
admovere 5	heranbewegen
adorare 3	anbeten
adulescens *10*	1. junger Mann 2. jung
advenire 23	ankommen
adventus 25	Ankunft
adversarius 5	Gegner
adversus 23	1. zugewandt 2. feindlich
res adversae 23	Unglück
advocare 16	herbeirufen
aedificare 14	bauen
aedificium 18	Gebäude
aegrotus 5	krank
aequus 27	1. gleich 2. gerecht 3. günstig
aes *22*	Bronze; Erz
aetas 19	1. Zeitalter 2. Lebensalter
aeternus *26*	ewig
afferre 35	1. (herbei)bringen 2. zufügen 3. melden
afficere 25	versehen mit
age! 31	auf!
ager 21	Feld; (Acker)land
agere 4	treiben; betreiben; verhandeln
vitam agere *4*	sein Leben verbringen
agite! 31	auf!
aggredi *11*	angreifen
agmen 25	1. (Heeres)zug 2. Marsch
agricola 7	Bauer
albus 35	weiß
alere 27	ernähren
alienus 31	fremd
aliquando 15	einst; irgendwann
aliqui *27*	irgendein; ein
aliquis *27*	irgendjemand; jemand Neutr.: irgendetwas; etwas
aliter 28	anders
alius 6	ein anderer
alius … alius *9*	der eine … der andere
alter 20	1. der eine; der andere 2. der Zweite

alter … alter *19*	der eine … der andere
altitudo 24	1. Höhe 2. Tiefe
altus 4	1. hoch 2. tief
amare 4	lieben
ambulare 3	spazieren gehen
amens *21*	von Sinnen; wahnsinnig
amica 3	Freundin
amicitia 22	Freundschaft
amicus 3	Freund; befreundet
amittere 2	verlieren
amor 20	Liebe
an? 10	etwa?
ancilla 1	Sklavin
angelus *26*	Engel
anima 25	Atem; Seele; Leben
animam efflare *25*	sein Leben aushauchen
animadvertere 20	bemerken
animal 26	Lebewesen; Tier
animus 16	Geist; Herz; Mut
animo deficere *17*	den Mut sinken lassen
annus 11	Jahr
ante 5	vor; vorher
antea 14	vorher
antiquus 18	alt
anxius *15*	ängstlich
aperire 4	öffnen
apertus 4	offen
apostolus *25*	Apostel
apparere 16	erscheinen; offenkundig sein
appellare 28	ansprechen; nennen
appellere 24	herantreiben
apportare 2	herbeitragen; bringen
appropinquare 6	sich nähern
apud 16	bei
aqua 22	Wasser
aquila *11*	Adler
ara 3	Altar
arbitrari *10*	meinen
arbor 4	Baum
arcere 17	1. abwehren 2. fernhalten
arcus 31	Bogen
ardere *8*	brennen
arena 7	1. Sand 2. Kampfbahn
media in arena *5*	mitten in der Arena
arma (Pl.) 21	Waffen
armatus 16	bewaffnet

ars 24	1. Geschicklichkeit 2. Kunst
arx 27	Burg
ascendere 4	besteigen; hinaufsteigen
asellus 15	Esel
asinus *13*	Esel
aspernari *10*	verschmähen
assentiri *10*	zustimmen
assequi *10*	erreichen; erlangen
at 29	jedoch
ater 34	schwarz; grauenvoll
atque 21	und
atrox 35	grässlich
attentus 15	aufmerksam
auctor *8*	Urheber; Anstifter
auctoritas 7	1. Ermächtigung 2. Ansehen; Einfluss
audax *15*	kühn; frech
audere 12; *13*	wagen
audire 1	hören
auferre 35	wegtragen
augere 16	vermehren; vergrößern
aula 2	Hof
aureus 13	golden
auris *10*	Ohr
aurum 25	Gold
aut 16	oder
aut … aut 16	entweder … oder
autem 12	aber; jedoch
auxiliari *10*	helfen
auxilium 27	Hilfe
auxilio mittere *20*	zu Hilfe schicken
auxilia (Pl.) *11*	Hilfstruppen
avaritia *13*	Habgier; Geiz
avunculus 10	Onkel
balneae 26	Hallenbad
barbarus 27	Barbar
bellare *21*	Krieg führen
bellum 18	Krieg
bellum hostibus inferre *8*	die Feinde (in ihrem Land) angreifen
bene 8	gut
bene accidit, ut *15*	es trifft sich gut, dass
benigne 16	freundlich; wohlwollend
bestia 15	Tier
bibere *18*	trinken

blandus 31	freundlich; schmeichelnd
bona (Pl.) 33	Güter; Besitz
bonus 3	gut
bos 7	Rind: Stier; Kuh
brevis 31	kurz
brevitas *2*	Kürze
cadaver 35	Leichnam
cadere 7	fallen
caedere 4	fällen; töten
caedes 5	Ermordung; Blutbad
caelum 24	Himmel
callidus 20	schlau
calor 7	Wärme
campus 3	Feld; freier Platz
candidatus 9	Kandidat
canere 1; 9	singen
canis 27	Hund
capere 2	fassen; nehmen; fangen
captivus 10	Gefangener
caput 21	1. Kopf 2. Hauptstadt
capitis damnare *3*	zum Tode verurteilen
carmen 18	Spruch; Gedicht; Lied
carrus 7	Wagen
carus 31	lieb; teuer
casa 11	Hütte
castra (Pl.) 27	(Feld)lager
castra movere *21*	aufbrechen
castra ponere *4*	das Lager aufschlagen
causa 22	Grund
causa (nach Gen.) *3*	wegen
causam dicere *5*	sich vor Gericht verantworten; sich verteidigen
cautus 31	vorsichtig
cavere 28	sich hüten; sich in Acht nehmen (vor)
cedere 25	1. gehen 2. weichen
celebrare 3	feiern; preisen
celer 30	schnell
celeritas 19	Schnelligkeit
celeriter 6	schnell
cena 2	Essen; Mahlzeit
cenare *1*	speisen
censere 9	1. meinen 2. beschließen
centum 24	hundert
certamen 31	Wettkampf
certare 31	streiten; kämpfen
certe 29	gewiss; sicher
certus 35	gewiss; sicher
ceteri 9	die Übrigen; die anderen
cibus 2	Speise; Essen; Futter
cicada 17	Grille
cinis 34	Asche
circum *13*	um; an ... umher
circumagere *18*	herumführen
circumdare 12	umgeben
circumsistere *1*	umringen
circumvenire 28	umzingeln
circus 7	Zirkus; Pferderennbahn
cito *15*	schnell
civis 24	Bürger
civitas 19	1. Staat; Gemeinde 2. Bürgerrecht
clades 27	Niederlage
clam 21	heimlich
clamare 2	rufen; schreien
clamor 6	Geschrei; Lärm
clarus 16	1. hell 2. berühmt
classis 24	Flotte
claudere 24	1. (ab)schließen 2. einschließen
clemens *4*	mild
clementia *4*	Milde
coepisse *4*	angefangen haben
cogere 13	1. zwingen 2. versammeln
cogitare *22*	denken; beabsichtigen
cognomen *2*	Beiname
cognoscere 10	erkennen; erfahren
cohors *25*	Kohorte
colere 16	1. bebauen 2. verehren
collega 8	Kollege; Amtsgenosse
colligere 6	sammeln
collocare 19	aufstellen
colloqui *10*	sich unterreden
colloquium 28	Unterredung
collum *9*	Hals
columba 3	Taube
comes 25	Begleiter
comitari *18*	begleiten
commemorare 7	erwähnen
commendare *15*	anvertrauen
committere *4*	1. veranstalten; begehen 2. anvertrauen
pugnam committere *4*	den Kampf beginnen

scelus committere *14*	ein Verbrechen begehen
commovere 25	1. (innerlich) bewegen 2. veranlassen
communis *12*	gemeinsam; allgemein
comparare 23	1. beschaffen 2. vergleichen
complecti *21*	umarmen
complere 9	anfüllen; füllen
complexus *21*	Umarmung
complures *14*	mehrere; einige
componere 30	zusammenstellen; verfassen
comprehendere *1*	ergreifen; festnehmen
conari *10*	versuchen
concedere *18*	einräumen; nachgeben; gestatten
concilium *15*	Versammlung
concordia 19	Eintracht
concurrere 15	zusammenlaufen
condere 11	gründen
condicio *20*	Bedingung; Lage
conferre 35	1. zusammentragen 2. vergleichen
se conferre 35	sich begeben
confessio 7	Bekenntnis
conficere 22	1. verfertigen 2. beenden
confidere *13*	vertrauen
confirmare 16	1. stärken 2. versichern
confiteri *10*	gestehen; bekennen
congredi *11*	zusammenkommen; zusammentreffen
conicere *3*	werfen
coniungere 22	verbinden
coniuratus 7	Verschwörer
conquirere *22*	zusammensuchen
conscendere 5	besteigen
consentire *24*	zustimmen
considerare 29	betrachten
considere 4	sich setzen
consilium 21	1. Rat 2. Ratsversammlung 3. Absicht
consilium inire *4*	einen Plan fassen
consistere *2*	sich aufstellen; Halt machen
conspectus *6*	Anblick; Blickfeld
conspicari *25*	erblicken
conspicere 5	erblicken
constans 30	1. standhaft 2. beständig
constantia *6*	Standhaftigkeit
constare 8	feststehen; bestehen
constat 5	es steht fest; es ist bekannt
magno constare *18*	viel kosten
constituere 30	1. festsetzen 2. beschließen
consuescere *13*	sich gewöhnen
consuetudo *9*	Gewohnheit; Umgang; Lebensweise
consul 8	Konsul
consulere (m. Akk.) 8	1. um Rat fragen 2. beraten 3. beschließen
consulere (m. Dat.) 10	sorgen für
consulto *27*	absichtlich
consultum *3*	Beschluss
consultum facere *3*	einen Beschluss fassen
consumere 25	verbrauchen
contemnere *6*	verachten
contemplari *12*	betrachten
contendere 25	1. sich anstrengen 2. eilen 3. kämpfen
continere 26	1. enthalten 2. umfassen
contio 33	(Volks)versammlung
contra 9	dagegen; gegen
contrahere *9*	zusammenziehen; einziehen
controversia 13	Streit
convenire 18	zusammenkommen
conviva 5	Gast
convivium *18*	Gastmahl
convocare 14	zusammenrufen
copia 10	Menge; Vorrat
copiae 10	1. Truppen 2. Vorräte
coram 33	vor; im Angesicht von
cornu *8*	1. Horn 2. Flügel (des Heeres)
corona 6	Kranz
corpus 22	Körper
corrigere *24*	berichtigen
corruere 34	zusammenstürzen
corvus 15	Rabe
cottidie 22	täglich
creare 8	1. wählen 2. erschaffen
credere 15	1. glauben 2. anvertrauen
crudelis 30	grausam
crudelitas *1*	Grausamkeit
crux *15*	Kreuz
cui? 10	wem?

cuius? 11	wessen?
culpa 7	Schuld
cum (m. Abl.) 6	mit
cum (inv.) 16	als (plötzlich)
cum (it.) 18	(jedesmal) wenn
cum (m. Konj.) *1*	da; als; weil; obwohl; während
cum primum 32	sobald
cunctari *10*	zögern
cunctatio *27*	Zögern
cuncti 6	alle
cupere 5	wünschen; wollen; verlangen
cupiditas *3*	Begierde
cupidus *3*	begierig (nach)
cur? 8	warum?
cura 11	Sorge; Pflege
curare 27	sorgen; besorgen
curia 8	1. Rathaus 2. Senatsversammlung
currere 1	laufen
currus 32	Wagen
cursus *16*	Lauf; Kurs
custodire 23	bewachen
custos 24	Wächter

damnare *2*	verurteilen
capitis damnare *3*	zum Tode verurteilen
dare 10	geben
in fugam dare 15	in die Flucht schlagen
de 7	1. von … herab 2. über
dea 18	Göttin
debere 8	1. müssen 2. schulden; verdanken
decem 20	zehn
decernere *3*	entscheiden; beschließen
decimus 7	der Zehnte
decipere 9	täuschen; betrügen
deducere *6*	wegführen; führen
deesse 14	fehlen
defendere (a) 19	verteidigen (gegen)
deficere 32	1. abnehmen 2. schwinden 3. versagen
animo deficere *17*	den Mut sinken lassen
deicere 30	1. hinabwerfen 2. verschlagen
deinde 19	darauf; dann
delectare 3	erfreuen
delere 21	zerstören; vernichten
deliberare 14	überlegen
delphinus 34	Delfin
dementia 35	Wahnsinn
demittere *22*	hinablassen; hinabwerfen
demonstrare 22	zeigen
demum 28	endlich
denique *5*	zuletzt; endlich
dens 11	Zahn
densus 16	dicht
deponere 11	niederlegen
deportare 5	fortschaffen
deridere 23	verlachen; auslachen
descendere 18	hinabsteigen
deserere 28	im Stich lassen; verlassen
desiderare 25	verlangen; vermissen
desinere 16	aufhören
desistere *1*	von etwas ablassen; mit etwas aufhören
desperare 29	verzweifeln; die Hoffnung aufgeben
despoliare 9	berauben
detrahere *19*	abziehen; wegziehen
detrimentum 26	Schaden
deus 3	Gott
devorare 2	fressen
dexter *9*	rechts; glücklich
dextra *9*	die Rechte (Hand)
dic! 10	sag!
dicere 1	sagen
causam dicere 5	sich vor Gericht verantworten; sich verteidigen
salutem dicere 5	grüßen
dies 2	Tag
ad diem *17*	auf den Tag; rechtzeitig
in dies *13*	von Tag zu Tag
differre *3*	1. aufschieben 2. sich unterscheiden
difficilis 30	schwierig
diffidere *13*	misstrauen; zweifeln
dignitas *12*	Würde
dignus *17*	wert; würdig
diligens *15*	sorgfältig; genau
diligere *1*	lieben

dimittere *12*	wegschicken; entlassen
diripere *3*	plündern
discere 22	lernen
discipulus 33	Schüler
disputare 33	sich unterhalten; diskutieren
diu 5	lange
diutius *8*	länger
dives *3*	reich
dividere *16*	trennen; teilen
divinus 32	göttlich
divitiae 22	Reichtum
docere 12; *11*	lehren; darlegen
doctus *4*	gelehrt; gebildet
dolere 1	1. betrübt sein 2. bedauern
dolor 16	Schmerz
dolus 11	List
domare 32	zähmen; unterwerfen
domi 8	zu Hause
domina 1	Herrin
dominatio 32	Herrschaft
dominus 1	Herr
domum 13	nach Hause
domus 24	Haus
donare *6*	schenken
donum 21	Geschenk
donum militare *12*	Kriegsauszeichnung
dormire 21	schlafen
dorsum 34	Rücken
dubitare 16	1. zögern 2. zweifeln
dubius *5*	zweifelhaft
duc! 18	führe!
ducere 9	1. führen 2. meinen
dulcis *13*	süß; lieblich
dum (m. Ind.) 18	während
dum (m. Konj.) *14*	1. wenn nur 2. bis; damit inzwischen
duo *3*	zwei
duodecim 19	zwölf
duodesexagesimus *18*	der Achtundfünfzigste
durus 21	hart
dux 19	Anführer
e, ex 7	aus
ecce! 8	da!; sieh!; bitte!
edere *6*	essen
ēdere *1*	herausgeben; hervorbringen

spectacula edere *5*	Spiele veranstalten
efficere 25	bewirken
efflare animam *25*	sein Leben aushauchen
effugere 23	entfliehen; entkommen
elephantus 26	Elefant
eligere 31	auswählen
emere *11*	kaufen
emittere 26	loslassen; ausschicken
enim *1*	nämlich
eo *2*	dorthin
epistula *1*	Brief
eques 34; *18*	Reiter; Ritter
equidem 32	ich jedenfalls
equitare 5	reiten
equus 2	Pferd
erigere *15*	aufrichten
eripere *12*	entreißen
errare 15	1. irren 2. umherirren
eruptio 34	Ausbruch
esse 5	sein
est 1	ist
et 1; 14	1. und 2. auch
et ... et 5	sowohl ... als auch
etiam 1	1. auch 2. sogar
quin etiam *13*	ja sogar
evadere 30	entkommen
evenire *1*	herauskommen; sich ereignen
evertere *6*	umkehren; zerstören
evitare 24	vermeiden
excipere *16*	1. ausnehmen 2. aufnehmen
excitare 15	1. aufscheuchen 2. wecken
exclamare 32	ausrufen
exemplum *6*	Beispiel
exercere 26	üben; trainieren
exercitus 24	Heer
exilium 23	Exil; Verbannung
exire *2*	1. herausgehen; ausziehen 2. zu Ende gehen
existimare 14	glauben; meinen
expellere 29	vertreiben
experiri *11*	versuchen; erproben
exponere 31	aussetzen
expugnare 21	erobern
exspectare 5	erwarten
extendere *4*	ausdehnen; ausstrecken
externus *18*	auswärtig

extrahere *6*	herausziehen
extremus 12	der Äußerste

faber 33	Handwerker
fabula 3	Geschichte
fac! 25	mach!
facere 6	machen; tun
consultum facere *3*	einen Beschluss fassen
facies *27*	Gesicht
facile 30	leicht
facilis 30	leicht
facinus 23	1. Tat 2. Verbrechen
fallere 1	1. täuschen 2. enttäuschen
falsus *10*	falsch
fames 25	Hunger
familia 5	Familie; Hausgemeinschaft
familiaris *21*	Freund
fatigare 7	müde machen
fatum 31	Schicksal
favere *5*	zugeneigt sein; fördern
fax *8*	Fackel
felix 30	glücklich
femina 8	Frau
fenestra 3	Fenster
fer! 35	trag!
fere *10*	fast; etwa
feriae 4	Ferien
ferox *1*	wild
ferre 35	tragen; bringen
moleste ferre *2*	übel nehmen; sich ärgern
ferreus *26*	eisern
ferrum *5*	Eisen; Schwert
festus 3	festlich; Fest-
fidelis 31	treu
fides 21	1. Treue 2. Glauben 3. Vertrauen
fidem habere *6*	Glauben schenken; Vertrauen schenken
fidem sequi *12*	Schutz suchen
fidem servare *8*	sein Wort halten
fidus 16	treu; zuverlässig
fieri *13*	1. werden 2. geschehen 3. gemacht werden
filia 1	Tochter
filius 1	Sohn
fingere *3*	bilden; erdichten
finire 5	beenden
finis 24	Ende; Grenze
fines 24	Grenzen; Gebiet
finitimus 19	benachbart; Nachbar
firmare 19	1. stärken 2. sichern 3. ermutigen

flamma 35	Flamme
flectere 34	(ab)biegen
flere 34	weinen; beweinen
fletus *21*	Weinen
flos 6	Blume
fluctus 24	Flut; Welle
fluere *12*	fließen
flumen 22	Fluss
fluvius 11	Fluss
foedus 7	Bündnis; Vertrag
fore 31	= futurum esse
formica 17	Ameise
fortasse 33	vielleicht
forte 16	zufällig
fortis 30	tapfer
fortissimus quisque *15*	1. gerade die Tapfersten 2. alle Tapferen
fortiter 34	tüchtig; kräftig
fortitudo *18*	Tapferkeit
fortuna 29	1. Schicksal 2. Glück
forum 18	Marktplatz; Markt
frangere 21	(etwas) zerbrechen
frangi 21	zerbrechen
frater 11	Bruder
fraudare 33	betrügen
fraus 33	Betrug
frigidus 26	kalt
frons 30	Stirn
fructus *10*	Frucht; Ertrag
frumentum 26	Getreide
frustra 14	vergeblich
fuga 15	Flucht
in fugam dare 15	in die Flucht schlagen
fugere 2	fliehen; vermeiden
fugitivus 15	entflohen
fulmen *1*	Blitz
fur 26	Dieb
furor *8*	Wut; Raserei
futurus 28	zukünftig

gallus 2	Hahn
gaudere 1; *13*	sich freuen
gaudium 22	Freude

gemini 11	Zwillinge
gens 24	1. Volksstamm 2. Geschlecht
genus *19*	1. Geschlecht; Abstammung 2. Gattung; Art
gerere 18	1. tragen 2. (aus)führen
rem gerere 5	kämpfen
gignere *21*	erzeugen; gebären; hervorbringen
gladiator26	Gladiator
gladius 21	Schwert
gloria 10	Ruhm
gloriari *10*	sich rühmen; prahlen
gratia 6	1. Dank 2. Ansehen; Beliebtheit
gratias agere 6	danken
gratiam habere 2	dankbar sein
gratiam referre 35	danken
gratulari *10*	gratulieren
gratus 23	1. angenehm 2. dankbar
gravis 30	1. schwer 2. ernst 3. wichtig
gravitas *17*	Schwere; Ernst; Würde

habere 16	haben; halten
fidem habere *6*	Glauben schenken; Vertrauen schenken
gratiam habere *2*	dankbar sein
in numero habere 22	zählen zu
habitare 26	(be)wohnen
hasta 6	Lanze; Speer
heri 14	gestern
hic *6*	dieser
hiems 17	Winter
hodie 3	heute
homo 17	Mensch
honestus 33	1. ehrenvoll 2. anständig 3. angesehen
honor 16	1. Ehre 2. Ehrenamt
hora 3	Stunde
horribilis 34	entsetzlich
hortari *10*	ermahnen; auffordern
hortus 2	Garten
hospes 25	1. Gast 2. Gastgeber
hospitalis *17*	gastlich
hostis 10	Feind

bellum hostibus inferre *8*	die Feinde (in ihrem Land) angreifen
iacere 30	werfen
iacēre 7	liegen
iactare *8*	1. schleudern; schütteln 2. prahlen
iam 7	schon; jetzt gleich
ianua 2	Tür
ibi 4	dort
idem *18*	derselbe
idem atque *18*	derselbe wie
idem, qui *18*	derselbe wie
idoneus *17*	geeignet
igitur *6*	also
ignavia *4*	Trägheit; Feigheit
igneus *26*	feurig; glühend
ignis 33	Feuer
ignorare 13	nicht kennen; nicht wissen
non ignorare 13	genau kennen
ignoscere *13*	verzeihen
ignotus 10	unbekannt
ille *6*	jener
illudere 35	verspotten
imitari *10*	nachahmen
immaturus *21*	unreif; unzeitig
immensus 22	unermeßlich
imminere 29	drohen
immortalis 30	unsterblich
impedire 32	hindern; verhindern
imperare 1	befehlen
imperator 10	1. Feldherr 2. Kaiser
imperium 19	1. Befehl 2. Reich
impetrare *12*	(durch Bitten) erlangen
impetus 24	Ansturm; Angriff
impius 23	gottlos; frevelhaft
implorare 28	dringend bitten; anflehen
imponere 22	darauf legen; auferlegen
importare 26	einführen
improbus *6*	unredlich; schlecht
in (m. Akk.) 2	in ... (hinein) (wohin?)
in (m. Abl.) 7	in (wo?)
in dies *13*	von Tag zu Tag
incautus 15	unvorsichtig
incendere 7	anzünden; anfeuern
incidere 15	1. hineinfallen; in etw. geraten 2. sich ereignen
incipere *4*	anfangen; beginnen
incitare 4	antreiben
includere 29	einschließen

incognitus 31	unerkannt; unbekannt
incola 14	Einwohner
incolumis *10*	heil; unversehrt
incredibilis 5	unglaublich
indicere 7	anzeigen; erklären
infecta re *9*	erfolglos; unverrichteter Dinge
infelix 30	unglücklich
inferre *8*	1. hineintragen 2. zufügen
bellum hostibus inferre *8*	die Feinde (in ihrem Land) angreifen
ingenium *3*	Anlage; Begabung
ingens 30	riesig
ingratus 25	undankbar
ingredi *11*	betreten
inimicus 16	Feind; feindlich
iniquus 27	1. ungleich 2. ungerecht 3. ungünstig
inire *2*	1. hineingehen 2. beginnen
consilium inire *4*	einen Plan fassen
iniuria 28	Unrecht
iniustus 29	ungerecht
inopia 17	Mangel
inopinans *8*	nichts ahnend
inquit 15	sagt(e) er
insanabilis *24*	unheilbar
inscribere 9	(dar)aufschreiben; eintragen
inscriptio *1*	Inschrift
insidiae 10	Falle; Hinterhalt
instruere 10	1. aufstellen 2. ausrüsten
instrumentum 25	Werkzeug; Gerät
insula 12	Insel
intellegere 27	1. bemerken 2. einsehen 3. verstehen
inter 14	zwischen; unter
interdum 18	manchmal
interea 13	inzwischen
interesse 20	teilnehmen an; dabei sein
interest 32	es ist ein Unterschied
interficere 35	töten
interitus 28	Untergang
interrogare 8	fragen
intrare 2	eintreten; betreten
introitus 30	Eingang

inutilis 32	unnütz; unbrauchbar
invadere 27	eindringen
invenire 11	finden; entdecken
investigare *17*	aufspüren
invictus 28	unbesiegt; unbesiegbar
invidere 16	beneiden
invidia *1*	1. Neid; Missgunst 2. Hass
invitare 5	einladen
invitus 30	widerwillig
me invito *9*	gegen meinen Willen
iocus *13*	Scherz
ipse *18*	selbst; persönlich; direkt
ira 11	Zorn
iram movere *6*	den Zorn erregen
iratus 27	zornig
ire *2*	gehen
irridere *12*	verspotten
is, ea, id 26	1. dieser, diese, dies(es) 2. er, sie, es
iste *6*	dieser da
ita 3	so
itaque 4	daher; deshalb
iter 25	1. Weg 2. Marsch 3. Reise
iterum 15	wieder; noch einmal
iubere 5	befehlen; auffordern
iucundus 4	angenehm
iudicare 20	urteilen; richten
iudicium 20	1. Gericht 2. Urteil
iurare *8*	schwören
iurgare 9	streiten
ius 27	Recht
iussu 32	auf Befehl
iustitia 33	Gerechtigkeit
iustus 31	gerecht; rechtmäßig
iuvenis *4*	1. junger Mann 2. jung

labi *10*	gleiten; fallen
labor 1	Arbeit
laborare 1	arbeiten
labyrinthus 23	Labyrinth; Irrgarten
lacrima *15*	Träne
lacus *15*	der See
laedere *23*	stoßen; verletzen
laetari *10*	sich freuen
laetitia 6	Freude
laetus 4	fröhlich; vergnügt
lapis 25	Stein
latebrae *16*	Schlupfwinkel

latitudo 24	1. Breite 2. Weite
latus 26	1. breit 2. weit
laudare 2	loben
laus 19	Lob
lautus *19*	gewaschen; sauber
lavare 24	waschen; baden
lectus 5	Bett; Liege
legatio 27	Gesandtschaft
legatus 27	1. Gesandter 2. Legat (röm. Offizier)
legere 9	1. lesen 2. sammeln
legio 28	Legion
legionarius 10	Legionssoldat; Legions-
leo 15	Löwe
lex 19	Gesetz
libenter 3	gern
liber 13	Buch
liber 17	frei
liberare 14	befreien
liberi 4	Kinder
libertas 19	Freiheit
libertus *18*	Freigelassener
libido *19*	Lust; Begierde; Willkür
licet 17	es ist erlaubt; man kann
ligneus 20	hölzern
lingua *1*	Zunge; Sprache
littera 9	Buchstabe
litterae 9	1. Buchstaben 2. Brief 3. Wissenschaften
litus 20	Strand; Küste
locus 4	Ort; Platz; Stelle
loca (Pl.) 7	Stellen; Gelände
longe 17	weit
longe lateque 24	weit und breit
longitudo 21	Länge
longus 4	lang
loqui *10*	sprechen
ludere 4	spielen
ludus 7	Spiel
lupa 11	Wölfin
lupus 6	Wolf
lux 35	Licht

maestus *11*	traurig
magis *8*	mehr; eher; lieber
magister 12	Lehrer
magistratus 26	Amt; Beamter; Behörde
magnitudo 5	Größe
magnus 3	groß; bedeutend
magno constare *18*	viel kosten
maior *14*	größer
maiores *18*	Vorfahren
malle *9*	lieber wollen
malum 20	Apfel
malus 3	schlecht; böse
male *14*	schlecht
mandatum 28	Auftrag; Befehl
mane 8	früh; morgens
manere 23	1. bleiben 2. erwarten
manus 24	1. Hand 2. Schar
mare 24	Meer
maritus 14	Ehemann
mater 5	Mutter
matrimonium 31	Ehe
maximus 18; *14*	1. am größten; der Größte 2. der Älteste
mecum 7	mit mir
medicamentum *24*	Medikament
medicina 33	Heilmittel
medicus 5	Arzt
medius 24	der Mittlere
media in arena *5*	mitten in der Arena
melior *14*	besser
meminisse *11*	gedenken; sich erinnern
memoria 11	Erinnerung; Gedächtnis
mens 30	1. Verstand 2. Gesinnung 3. Geist
mensa 5	Tisch
mensis *12*	Monat
mentiri *10*	lügen
mercator 17	Kaufmann
merere *4*	verdienen; sich verdient machen
stipendia merere *4*	Kriegsdienst leisten; dienen
meridies 7	Mittag
merito 17	mit Recht
merx *16*	Ware
metuere 20	fürchten
metus *8*	Furcht
meus 12	mein
migrare 8	wandern
miles 10	Soldat
milia *4*	Tausende; -tausend
militaris *12*	militärisch; Kriegs-
donum militare *12*	Kriegsauszeichnung
mille *14*	tausend
minari *12*	drohen
minime 13	keineswegs; am wenigsten

minimus *14*	am kleinsten; der Kleinste
minister *18*	Diener
minor *14*	kleiner
minuere 34	verringern
mirabilis 34	wunderbar; erstaunlich
mirari *10*	1. sich wundern 2. bewundern
miser 13	arm; unglücklich
miseria 29	Elend
misericordia 11	Mitleid
mittere 17	1. schicken 2.(los)lassen
auxilio mittere *20*	zu Hilfe schicken
moderatus 28	gemäßigt; maßvoll
modo *1*	nur
modo … modo 34	bald … bald
modus 22	Art und Weise
moenia (Pl.) 24	Mauern; Befestigungen
moleste ferre *2*	übel nehmen; sich ärgern
mollire 17	erweichen
monere 14	ermahnen; warnen
mons 24	Berg
monstrare 12	zeigen
monstrum 30	Ungeheuer
monumentum *22*	Denkmal
morbus 17	Krankheit
mori *11*	sterben
mors 29	Tod
mortem obire *6*	sterben
mortalis 30	sterblich
mortuus 31	tot
mos 28	1. Sitte; Brauch 2. Art und Weise
motus 34	Bewegung
movere 22	1. bewegen 2. veranlassen
castra movere *21*	aufbrechen
iram movere *6*	den Zorn erregen
mox 29	bald
mulier 14	Frau
multi 4	viele
multo (m. Komp.) 31	viel
multum *14*	viel
multitudo 27	Menge
mundus 12	Welt
munire *4*	befestigen
munitio 29	Befestigung

murus 9	Mauer
mutare 25	verwandeln
nam 1	denn
narrare 3	erzählen
natare 26	schwimmen
natura 34	Natur
natus 27	geboren
a. Chr. n. (= ante Christum natum) 27	vor Christi Geburt
p. Chr. n. (= post Christum natum) 27	nach Christi Geburt
nauta 12	Seemann; Matrose
navigare 12	segeln; (be)fahren
navis 24	Schiff
-ne (angeh.) 8	(Fragepartikel)
ne … quidem 33	nicht einmal
ne (m. Konj.) 23	dass nicht; damit nicht
necare 6	töten
necessarius *27*	notwendig
negare 28	1. verneinen; sagen, dass nicht 2. sich weigern
neglegere 23	1. nicht beachten 2. vernachlässigen
negotium *19*	Beschäftigung; Aufgabe
nemo 22	niemand
nepos *21*	Enkel; Neffe
neque 9	und nicht; aber nicht; auch nicht
neque … neque 9	weder … noch
nescire 12	nicht wissen
neuter *26*	keiner von beiden
neve 28	und nicht
niger 34	schwarz
nihil 15	nichts
nihil … nisi *1*	nur
nimbus 16	Wolke
nimis *9*	zu sehr; allzu
nimius *9*	sehr groß; zu groß
nisi 17	wenn nicht; außer
nisi … non *8*	nur
niti *19*	sich stützen; sich anstrengen
nix 35	Schnee
nobilis 30	1. edel 2. berühmt
nocere *24*	schaden
noctu 27	bei Nacht
nolle *9*	nicht wollen
nomen 18	Name
nominare 9	nennen

non 1	nicht
non iam 7	nicht mehr
non ignorare 13	genau kennen
non modo … sed etiam 16	nicht nur … sondern auch
non … nisi *8*	nur
nondum 17	noch nicht
nonne? 10	etwa nicht?
nonnulli 28	einige
nonnumquam *17*	manchmal
nonus 7	der Neunte
noscere *24*	kennen lernen; erkennen; erfahren
noster 9	unser
nostrum (Gen.) 31	von uns
notus *2*	bekannt
novem *8*	neun
novus 3	neu
nox 20	Nacht
nubes 34	Wolke
nullus 29	keiner; kein
num? 8	etwa?
numen 25	1. (göttliche) Macht 2. Gottheit
numerare 9	zählen; aufzählen
numerus 11	Zahl
in numero habere 22	zählen zu
numquam 13	niemals
nunc 3	jetzt; nun
nuntiare 9	melden
nuntius 28	1. Bote 2. Botschaft
nuper *24*	neulich

ob *19*	gegen … hin; wegen
obesse 27	schaden
obire mortem *6*	sterben
obviam 31	entgegen
occasio *16*	Gelegenheit
occidere *7*	töten
occultare 15	verbergen
occupare 28	1. besetzen 2. beschäftigen
occupatus (in) *2*	beschäftigt (mit)
oceanus 12	Ozean
octo *11*	acht
oculus 15	Auge
odium 33	Hass
odor 35	Geruch; Gestank
offendere 28	1. beleidigen 2. anstoßen
offerre 35	anbieten
officium *17*	Pflicht
oleum 26	Öl
olim 11	einst
omen 21	Vorzeichen
omittere *4*	loslassen; aufgeben
omnis 30	jeder; ganz; Pl.: alle
ad unum omnes *16*	alle ohne Ausnahme
onerare 13	beladen; belasten
opinio *16*	Meinung; Erwartung; Ruf
oportet 19	es ist nötig; man muss
oppidum 20	Stadt
opprimere 19	1. unterdrücken 2. überfallen
oppugnare 20	bestürmen
optare 25	wünschen
optimus 18; *14*	am besten; der Beste
opulentus 25	reichlich; üppig
opus 18	Arbeit; Werk
oraculum 20	Orakel
orare 4	reden; bitten; beten
oratio 27	Rede
orator 2	Redner
origo *7*	Ursprung
oriri *20*	1. entstehen 2. sich erheben
ornamentum *22*	Schmuck
ornare 6	schmücken
os *10*	Mund; Gesicht
ostendere *6*	entgegenstrecken; zeigen
ostium 26	Mündung
otiosus 34	1. müßig 2. wissenschaftlich tätig
ovis *11*	Schaf

paene 12	fast; beinahe
panis *26*	Brot
par *15*	gleich
parare 6	1. (vor)bereiten 2. verschaffen
paratus 28	bereit
parcere *4*	schonen
parentes 34	Eltern
parere *4*	hervorbringen; gewinnen
pārēre 1	gehorchen
pars 27	1. Teil 2. Seite
partim *4*	teils

partiri *11*	teilen; einteilen
parum *19*	zu wenig
parvus 3	klein
pastor 11	Hirte
pater 5	Vater
pati *10*	leiden; dulden; lassen; zulassen
patria 10	Vaterland
patrius *12*	väterlich; heimatlich
pauci 25	wenige; einige
paulatim 34	allmählich
paulo 14	ein wenig; etwas
paulum 35	ein wenig
pauper *4*	arm
pax 19	Friede
peccare *3*	einen Fehler machen; sündigen
pecunia 35	Geld
peior *14*	schlechter
pellere 15	1. stoßen 2. schlagen 3. vertreiben
pellis *7*	Fell; Haut
pendere 15	(herab)hängen
penna 15	Feder
per 2	durch
perdere *9*	zugrunde richten; verlieren
perferre *9*	1. überbringen 2. ertragen
perficere 32	vollenden; vollbringen
perfidia *13*	Treulosigkeit
perfidus 7	treulos; verräterisch
pergere *21*	fortsetzen; fortfahren
periculosus 31	gefährlich
periculum 21	Gefahr
perire *10*	zugrunde gehen
peritus *3*	erfahren (in)
permanere *8*	verbleiben; verharren
permittere 25	erlauben
permovere 27	1. (innerlich) bewegen 2. veranlassen
pernicies 28	Verderben
perpetuus *15*	ununterbrochen
perrumpere 29	durchbrechen
persequi *16*	verfolgen
persona *23*	Person
persuadere 26	1. überreden 2. überzeugen
mihi persuasum est *20*	ich bin überzeugt
pervenire 28	hinkommen; gelangen
pes 19	Fuß

pedem referre 35	sich zurückziehen
pessimus *14*	am schlechtesten; der Schlechteste
pestilentia 27	Seuche; Krankheit
petere 13	1. streben nach 2. losgehen auf 3. erbitten
philosophus 32	Philosoph
pietas *22*	Pflichtgefühl; Frömmigkeit
piger 23	träge
pila 26	Ball
pirata *7*	Seeräuber
piscis *1*	Fisch
placare 32	beruhigen; besänftigen
placere 1	gefallen
planities 10	Ebene
plaudere 5	Beifall klatschen
plebs 19	Volk; Volksmenge
plenus 11	voll
plures *14*	mehr
plurimi *14*	am meisten; die Meisten
plurimum *14*	am meisten
plus *14*	mehr
poena 12	Strafe
poeta 18	Dichter
polliceri *10*	versprechen
ponere 15	1. setzen 2. stellen 3. legen
castra ponere *4*	das Lager aufschlagen
pons *14*	Brücke
populari *21*	verwüsten
populus 8	Volk
porta 2	Tor
portare 3	tragen
portus 24	Hafen
posse 27	können
possidere 22	besitzen
possunt 17	sie können
post 6	nach; hinter; danach
postea 4	danach; später
posterus *3*	nachfolgend; später
postquam 17	nachdem
postremo *3*	zuletzt
postridie 16	am folgenden Tag
postulare 14	fordern
potens 32	mächtig
potentia 24	Macht
potest 5	(er) kann
potestas *11*	1. Macht; Amtsgewalt 2. Möglichkeit

potiri *11*	sich bemächtigen
potius *3*	eher; lieber
praebere 17	1. gewähren 2. zeigen
praeclarus 23	hoch berühmt
praeda 13	Beute
praedari *11*	Beute machen
praeesse 27	vorstehen; anführen
praefectus 34	Präfekt
praemium 25	Belohnung
praestare *7*	zeigen; beweisen
praeter 15	1. außer 2. an … vorbei
praeterire *2*	vorbeigehen; übergehen
praetermittere *16*	vorbeigehen lassen; übergehen
praetor *2*	Prätor; Richter
precari *23*	bitten
preces *21*	die Bitten
premere *26*	drücken; bedrängen
pretiosus *3*	wertvoll; kostspielig
pretium 32	Preis
primo 21	anfangs; zuerst
primus 11	der Erste
princeps 7	1. Führer; Fürst 2. (als) Erster
principatus 33	1. Vormacht 2. führende Stellung
principium *23*	Anfang
priusquam *3*	bevor
privatus 33	privat
pro 13	vor; für; anstatt
probare *9*	prüfen; billigen; beweisen
probus *6*	tüchtig; rechtschaffen
procedere 25	vorrücken
procul 11	fern; von fern
prodere *3*	1. verraten 2. überliefern
prodesse 27	nützen
proelium *12*	Kampf
proficisci *10*	aufbrechen; marschieren
progredi *12*	vorrücken; vortreten
prohibere 8	fern halten; hindern
proicere *1*	1. vorwerfen 2. niederwerfen
proletarius 9	Proletarier
promere *27*	hervorholen
promittere 20	versprechen
pronuntiare *2*	bekannt machen; ankündigen
prope 18	nahe; in der Nähe; beinahe

properare 6	eilen
propinquus *16*	nahe; benachbart; verwandt
propitius 23	gnädig
propter 19	wegen
propterea *26*	deswegen
prospicere 75	vorhersehen; Ausschau halten
proverbium *13*	Sprichwort
provincia 12	Provinz
proximus 15	der Nächste
prudens 33	klug
prudentia *3*	Klugheit
publicus 8	staatlich; öffentlich
res publica 8	Staat; Republik
pudor *27*	Scham; Scheu
puella 4	Mädchen
puer 6	Junge
pueritia *3*	Kindheit
pugna 10	Kampf; Schlacht
pugnam committere *4*	den Kampf beginnen
pugnare 10	kämpfen
pulcher 13	schön
pulchritudo *17*	Schönheit
punire 11	bestrafen
purgare 5	säubern; reinigen
putare 29	glauben
qua de causa *22*	1. warum? 2. deswegen
qua re? 6	wodurch?; womit?
quadraginta *16*	vierzig
quaerere 13	1. suchen 2. fragen
quaeso *17*	bitte
quaestio *12*	Frage; Untersuchung
quaestor *4*	Quästor
qualis *9*	wie (beschaffen)
quam 15	wie; wie sehr
quam (m. Komp.) 31	als
quam (m. Superl.) *14*	möglichst (m. Positiv)
quamdiu? 3	wie lange?
quamquam 17	obwohl; obgleich
quando? 7	wann?
quantopere *10*	wie sehr
quantus 7	wie groß; wie viel
tantum … quantum 7	so viel … wie
quartus 27	der Vierte
quasi 34	gleichsam

quattuor 13	vier
-que (angeh.) 6	und
quem? 2	wen?
queri *11*	klagen; beklagen
qui 22	der; welcher; wer
quid? 1	was?
quidam *4; 18*	ein gewisser; ein; Pl.: einige
quidem 27	jedenfalls; wenigstens
ne … quidem 33	nicht einmal
quin (m. Konj.) 5	dass
quin (m. Konj.) *17*	der nicht, die nicht, das nicht
quin etiam *13*	ja sogar
quinquaginta *16*	fünfzig
quinque *14*	fünf
quintus *12*	der Fünfte
quis? 1	wer?
quisquam *27*	irgendjemand; jemand Neutr.: irgendetwas; etwas
quisque *15*	jeder
fortissimus quisque *15*	1. gerade die Tapfersten 2. alle Tapferen
quo? 2	wohin?
quo … eo (m. Komp.) *14*	je … desto
quocum? 6	mit wem?
quod 17	da; weil
quomodo? 35	wie?; auf welche Weise?
quoniam *21*	da ja
quoque 32	auch
quotannis 8	jedes Jahr
rana *10*	Frosch
rapere 14	rauben
raro 18	selten
re vera 26	wirklich; wahrlich
recensere 16	mustern
recipere 29	zurücknehmen; aufnehmen
se recipere 29	sich zurückziehen
recitare 18	vorlesen; vortragen
recte 12	richtig
recuperare *4*	wiedergewinnen
reddere 28	1. zurückgeben 2. machen zu
redimere *16*	loskaufen
redire *2*	zurückkehren
reditus 30	Rückkehr

reducere 31	zurückführen
referre 35	1. zurückbringen 2. hinbringen 3. berichten
gratiam referre 35	danken
pedem referre 35	sich zurückziehen
reficere 7	wiederherstellen; reparieren
se reficere 7	sich erholen
regere 20	regieren; lenken
regina 23	Königin
regio 22	1. Richtung 2. Gegend
regnare 16	regieren
regnum 24	Reich; Herrschaft
regredi *11*	zurückgehen
religio *22*	Scheu; Gottesverehrung; religiöse Bedeutung
relinquere 18	zurücklassen; verlassen
reliquiae 29	Überreste
reliquus 29	übrig
removere 22	entfernen
renovare 5	erneuern; wieder aufnehmen
repellere *4*	zurücktreiben
reperire 15	finden
repudiare 33	zurückweisen
res 4	1. Sache; Ding 2. Besitz
res adversae 23	Unglück
res gestae 11	1. Taten 2. Geschichte
res publica 8	Staat; Republik
rem gerere 5	kämpfen
rem tenere 7	die Lösung haben
infecta re *9*	erfolglos; unverrichteter Dinge
resistere 5	sich widersetzen
respicere *15*	zurückschauen; berücksichtigen
respondere 12	antworten
retinere 23	zurückhalten
reversus *13*	zurückgekehrt
reverti *13*	zurückkehren
revocare *20*	zurückrufen
rex 19	König
ridere 4	lachen
ripa 11	Ufer
robur 21	Kraft
rogare *11*	bitten; fragen
rostra (Pl.) 18	Rednerbühne
rostrum 18	Schnabel

rumpere 29	brechen
rursus 14	1. wieder 2. rückwärts
rus (Akk.) *2*	aufs Land
sacer 13	1. heilig 2. verflucht
sacerdos 21	Priester
sacrificare *8*	opfern
saeculum 27	Jahrhundert; Zeitalter
saepe 1	oft
saevitia *23*	Wildheit
saevus 15	wild
sagitta 21	Pfeil
saltare 17	tanzen
salire *19*	springen
salus 19	1. Wohlergehen 2. Rettung
salutem dicere *5*	grüßen
salutare 2	grüßen; begrüßen
salve! 10	sei gegrüßt!; gutenTag!
salvus 14	gesund; wohlbehalten
sanare 33	heilen
sanctus 12	heilig
sanus 30	gesund
sapiens 32	klug; weise
sapientia 22	Klugheit; Weisheit
satietas *19*	Sättigung; Überdruss
satis 23	genug
saxum 30	Felsen; Stein
scala *26*	Leiter
scelestus *6*	verbrecherisch
scelus *7*	Verbrechen
scelus committere *14*	ein Verbrechen begehen
schola 12	Schule
scire 5	wissen
scribere 9	schreiben
scutum *5*	der Schild
se 15	sich (Akk.)
se conferre 35	sich begeben
se recipere 29	sich zurückziehen
se reficere *7*	sich erholen
secum 20	mit sich
secare *7*	schneiden
secundus *4*	1. der Folgende; der Zweite 2. günstig
securus 75	sorglos; sicher
sed 2	aber; sondern
sedere 7	sitzen
sedes 5	Sitz; Wohnsitz
seditio *4*	Aufstand
semel *17*	einmal
semper 3	immer
senator 8	Senator
senatus 24	Senat
senex 25	1. Greis 2. alt
sententia 21	Meinung
sepelire *11*	bestatten
septem 23	sieben
septimus 19	der Siebte
septuagesimus *4*	der Siebzigste
sepulcrum *25*	Grab
sequi *10*	begleiten; folgen
fidem sequi *12*	Schutz suchen
sermo *17*	Gespräch; Rede; Sprache
servare 11	retten
fidem servare *8*	sein Wort halten
servire 23	dienen; Sklave sein
servitus 19	Knechtschaft; Sklaverei
servus 1	Sklave
severitas *12*	Strenge
severus 4	streng
sextus *11*	der Sechste
si 17	wenn
sibi 19	sich (Dat.)
sic *2*	so
sicut *3*	(ebenso) wie
significare *1*	anzeigen; markieren
signum *4*	Zeichen
silentium *20*	Schweigen; Stille
silva 3	Wald
similis *14*	ähnlich
simplex *19*	einfach
simul *15*	zugleich
simulare *10*	so tun, als ob; vorgeben; heucheln
sin 33	wenn aber
sine 14	ohne
sinere 5	lassen; zulassen
sinister *12*	links
sinus 34	Bucht
situs 12	gelegen; liegend
societas *11*	Bündnis
socius 14	Bundesgenosse
sol 24	Sonne
solere 28; *13*	gewohnt sein; pflegen; gewöhnlich (tun)
solitudo *6*	Einsamkeit
solitus *14*	gewohnt
solus *10*	allein
solvere 12	1. lösen 2. zahlen

somnium *1*	Traum
somnus 30	Schlaf
sonare *15*	tönen
soror 10	Schwester
sors 31	Los; Schicksal
spatium 31	Strecke; Raum
species 31	1. Aussehen 2. Gestalt
spectaculum 5	Schauspiel
spectacula edere *5*	Spiele veranstalten
spectare 3	betrachten; schauen
spectator 7	Zuschauer
sperare 29	hoffen
spes 1	Hoffnung
spiritus *26*	Hauch; Atem; Geist
stabulum 22	Stall
stare 13	stehen
statim 3	sofort
statua 23	Statue; Standbild
stipendium *4*	Sold; Kriegsdienst
stipendia merere *4*	Kriegsdienst leisten; dienen
studere *2*	sich bemühen; sich widmen
studium 23	Eifer; Beschäftigung
stultus 13	dumm
sub (m. Akk.) 6	unter (wohin?)
sub (m. Abl.) 7	unter (wo?)
sub vesperum 6	gegen Abend
subicere *12*	unterwerfen
subito 4	plötzlich
submittere 10	zu Hilfe schicken
subvenire 28	zu Hilfe kommen; unterstützen
sufficere *26*	ausreichen
sui 29	die Seinigen; seine Leute
sumere 7	nehmen
summus 19	der Oberste; der Höchste
sunt 4	(sie) sind
super 34	über
superare 13	überwinden; besiegen
superbia 19	Hochmut; Stolz
superbus *12*	hochmütig; stolz
superior 5	1. der Obere; der Höhere 2. der Frühere 3. der Überlegene
supplicium *16*	Todesstrafe; Hinrichtung
supra (m. Akk.) *1*	oberhalb; über ... hinaus
surgere 6	aufstehen; sich erheben
suscipere 29	unternehmen

suus 10	sein; ihr
tabella 9	1. Tafel 2. Liste
taberna 13	Gasthaus; Schenke
tabula 12	Tafel; Karte; Gemälde
tacere 16	schweigen; verschweigen
tacitus 5	schweigend
talis *14*	so beschaffen; so(lch) ein
tam 8	so
tamen 7	dennoch
tamquam 35	wie; als ob
tandem 4	endlich
tangere 25	berühren
tantopere *1*	so sehr
tantum 9	nur
tantum ... quantum *7*	so viel ... wie
tantus 22	so groß
taurus 23	Stier
tectum 34	Dach; Haus
tela (Pl.) *11*	Geschosse; Waffen
templum 18	Tempel
temptare 30	versuchen
tempus 18	Zeit
tendere 31	spannen
tenere 22	halten
rem tenere 7	die Lösung haben
tenuis *7*	fein; dünn; schmal
terra 12	Land; Erde
terrere 2	erschrecken
terror 10	Schrecken
tertius 20	der Dritte
theatrum 18	Theater
timere 2	fürchten; sich fürchten
timidus 30	ängstlich
timor 7	Furcht
toga 13	Toga
tolerare 31	ertragen
tollere 35	1. aufheben; erheben 2. beseitigen
tormentum *12*	Winde; Geschütz; Folter
totus 3	ganz
tradere 29	1. übergeben 2. überliefern
trahere 4	ziehen; schleppen
traicere *16*	1. übersetzen 2. durchbohren
tranquillus *16*	ruhig

trans 28	1. über; über … hinaus 2. jenseits
transferre *22*	hinübertragen; hinüberbringen; übertragen
transilire *16*	hinüberspringen
transire *2*	1. überschreiten; hinübergehen 2. vorübergehen
transportare 26	befördern
trepidare 34	sich ängstigen
tres 31	drei
tribuere *4*	zuteilen
tribunus plebis *4*	Volkstribun
tributum 24	Tribut
triennium *20*	Zeitraum von drei Jahren; drei Jahre
tristitia *23*	Traurigkeit
triumphus 13	Triumph
trucidare 29	töten; umbringen
tuba 9	Trompete
tum 2	dann; darauf
tumultus *14*	Lärm
tumulus 4	Hügel
turpis 75	hässlich; schändlich
tutus 28	sicher
tuus 12	dein
tyrannus *22*	Tyrann (Alleinherrscher)

ubi? 7	wo?
ubi 17	sobald
ubi primum 32	sobald
ubique *14*	überall
ulcisci *16*	1. rächen 2. sich rächen an
ullus *1*	irgendein; ein
ulterior 34	jenseits (*oder* weiter hinaus) gelegen
ultimus 19	der Letzte
umbra 7	Schatten
umquam 31	jemals
una 27	zusammen
unde? 7	woher?
undevicesimus *11*	der Neunzehnte
undique *10*	von allen Seiten; auf allen Seiten
universus 32	gesamt; allgemein
unus 3	ein; ein Einziger
ad unum omnes *16*	alle ohne Ausnahme
unusquisque *26*	ein jeder; jeder Einzelne
urbs 24	Stadt
usque ad 32	bis zu
usus 26	1. Gebrauch 2. Nutzen 3. Erfahrung
usui esse *17*	Nutzen bringen; nützlich sein
ut (m. Ind.) 17	wie
ut (m. Konj.) 25; *1*	1. dass; damit; (um) zu 2. so dass
uter 5	welcher (von beiden)
uterque 5	jeder von beiden; beide
uti *11*	gebrauchen; benutzen
utilis 32	nützlich; brauchbar
utilitas *3*	Nutzen
utinam 23	wenn doch; hoffentlich
utrum … an *3*	im HS: – … oder im GS: ob … oder
uxor 11	Ehefrau

vacuus 16	leer
vae! 14	wehe!
vagari *11*	umherschweifen
valde 3	sehr
valere *6*	gesund sein; stark sein; vermögen
vale! 34	lebe wohl!
validus *11*	stark
varius *2*	verschieden; bunt; mannigfaltig
vas 26	Gefäß
vastare 21	verwüsten
vehemens *15*	heftig
vel 9	oder; oder auch
velle *9*	wollen
velut 34	als ob
venari *11*	jagen
venator 6	Jäger
vendere *16*	verkaufen
venire 1	kommen
venter *15*	Bauch
ventus 30	Wind
verbera (Pl.) *6*	Schläge; Hiebe
verberare *3*	prügeln; schlagen
verbum 21	Wort
vereri *10*	sich scheuen; verehren; fürchten
veritas *12*	Wahrheit
versari *10*	sich aufhalten

vertere 32	wenden
verus 35	wahr
vere 26	wahrhaft; echt
vero *24*	wirklich; vollends; aber
re vera 26	wirklich; wahrlich
vesper 6	Abend
sub vesperum 6	gegen Abend
vespertinus 5	abendlich; Abend-
vester 10	euer
vestigium 21	Spur
vestis 26	Kleid; Bekleidung
vetare 5	verbieten
vexare 9	quälen; bedrängen
via 8	Weg; Straße
viator 35	Wanderer
vicinus 8	benachbart; Nachbar
victor 1	Sieger
victoria 10	Sieg
vicus 4	Dorf
videre 2	sehen
videri 25	(er)scheinen
vincere 1	siegen; besiegen
vincire *25*	fesseln
vinculum *3*	Fessel; Band
vinum 25	Wein
vir 8	Mann
virga 22	Stab
virgo *15*	Jungfrau
virtus 20	1. Tapferkeit 2. Tüchtigkeit
vis 24	Kraft; Gewalt
visitare 3	besuchen
vita 11	Leben
vitam agere *4*	sein Leben verbringen
vituperare 2	tadeln
vivere 11; *1*	leben
vivus *22*	lebendig
vix *23*	kaum
vocare 1	rufen; nennen
volare 2	fliegen
vox 19	Stimme
vulnerare 14	verwunden
vulnus *1*	Wunde
vulpecula 15	Fuchs
vultus 9	Gesicht; Miene

Abbildungsnachweis

S. 11: L. von Matt / S. 12: Aufnahme DAI Athen, 80/975 / S. 13: Bildarchiv Foto Marburg / S. 16: Kurt Steinicke, Stadthagen / S. 19: Landesmuseum Trier / S. 22: Scala – Istituto Fotografico Editoriale, Antella (Firenze) / S. 23: Staatl. Landesbildstelle Saarland / S. 24: F.lli Alinari, Firenze / S. 27: Helga Lade Fotoagentur (Foto: Steinicke) / S. 28: Hirmer Fotoarchiv / S. 30: Staatl. Landesbildstelle Saarland / S. 31: Musées royaux des Beaux-Arts de Belgique, Bruxelles (Foto: Speltdoorn) / S. 36: Archiv Gerstenberg / S. 40: The Metropolitan Museum of Art, New York / S. 41: Bildarchiv Foto Marburg / S. 43: Römisch-Germanisches Museum Köln / S. 45: DAI Rom (2) / S. 47: Rheinisches Landesmuseum Bonn / S. 48: Kulturgeschichtliches Museum Osnabrück (Foto: Christian Grovermann, Foto-Strenger GmbH, Osnabrück) / S. 51: Kunsthistorisches Museum Wien / S. 52: Helga Lade Fotoagentur (Foto: Arand) / S. 53: Römisch-Germanisches Museum Köln / S. 55: Bibliotheek der Rijksuniversiteit Leiden / S. 57: Universitätsbibliothek Heidelberg / S. 58: Scala – Istituto Fotografico Editoriale, Antella (Firenze) / S. 63: Westf. Landesmuseum f. Kunst u. Kulturgeschichte Münster (Leihgabe des Westfälischen Kunstvereins) / S. 65: ABZ Verlag, Zürich / S. 67: Prähistorische Staatssammlung München (Foto: Manfred Eberlein) / S. 69: Helga Lade Fotoagentur (Foto: Tschanz-Hofmann) / S. 73: Office du Livre, Fribourg (Foto: A. Buchet) / S. 74: F.lli Alinari, Firenze / S. 77: Bildarchiv Foto Marburg / S. 79: DAI Athen / S. 82: entnommen aus: Shakespeare's Sämmtliche Werke, 2. Bd., Stuttgart 1877 ff. / S. 84: bpk - Staatsbibliothek zu Berlin Preußischer Kulturbesitz / S. 87: Helga Lade Fotoagentur (Foto: Radelt) / S. 93: Rheinisches Bildarchiv Köln (Bildquelle), Wallraf-Richartz-Museum Köln (Besitzer) / S. 95: Österreichische Nationalbibliothek, Wien / S. 96: Bildarchiv Foto Marburg / S. 99: Ludwig-Maximilians-Universität München

Hier nicht aufgeführte Abbildungen stammen aus dem Verlagsarchiv.

Gallia Cisalpina
Comum
Mediolanum
Verona
Aquileia
Dravus
Savus
Cremona
Patavium
Padus
Placentia
Liguria
Genua
Bononia
Ravenna
Via Aemilia
Ariminum
Via Aurelia
Italia
Lacus Trasumenus
Umbria
Picenum
Illyri
Pisae
Clusium
Tiberis
Etruria
Via Flaminia
Corsica
Sabini
Mare Adriaticum
ROMA
Tusculum
Ostia
Alba Longa
Samnium
Arpinum
Lavinium
Via Latina
Via Appia
Latium
Campania
Cannae
Apulia
Casinus Mons
Capua
Cumae
Vesuvius
Neapolis
Pompei
Herculaneum
Nuceria
Capreae
Paestum
Brundisiu
Tarentum
Calabr
Sardinia
Lucania
Muranum
Mare Tyrrhenum
Consentia
Bruttium
Messana
Rhegium
Segesta
Aetna
Lilybaeum
Sicilia
Agrigentum
Syracusae
Mar
Utica
Carthago
Zama
Africa
Hadrumetum
M a r e I n t e

Italia et